Les meilleurs spas
au Québec

Francine Nascivet

*Le monde ne mourra pas par manque de merveilles,
uniquement par manque d'émerveillement.*

Gilbert Keith Chesterton

1

SPA, *Sanitas Per Aquam* ou la «santé par l'eau», trois petites lettres, une syllabe
tel un mantra pas toujours convenablement murmuré ou fredonné. En ces lieux
hédonistes, parfois imparfaits ou excessivement commerciaux, retourner à la source

L'expression «prendre le sauna» désigne à la fois le lieu d'ablutions et le processus de sudation qui se déroule en différentes étapes combinant chaleur, vapeur et ventilation. C'est cet unique amalgame que l'on nomme *löyly* (prononcé lew-u-lu), le grand secret de l'Esprit du sauna.

Construis ton sauna et après ta maison.
Dicton finlandais

Douceur, sensations nouvelles ou oubliées, sombrez avec un réel plaisir dans une «féconde paresse». Des envies fulgurantes d'escapades imprévues, d'école buissonnière ou d'instants de partage, aujourd'hui suivez vos propres instincts, échappez-vous. Tant pis pour ceux qui s'obstinent.

Si ton esprit et ton âme sont impurs et que l'essence de ta vie ne se reflète pas sur ta peau, alors prends le temps de respirer, de plonger ton corps dans la source, de t'arroser de fleurs du pot-pourri de l'éclosion de l'univers. La purification du massage embellira ta peau, ton âme et ton esprit.

Extrait d'un conte populaire javanais du début du XVIIIe siècle

La nature est éternellement jeune, belle et généreuse. Elle possède le secret du bonheur, et nul n'a su lui ravir.
George Sand

La vie est la période de temps entre une respiration et la suivante, une personne qui respire à moitié vit à moitié. Celui qui respire correctement acquiert la maîtrise de son être.
Hatha Yoga Pradipika

Lieu de sérénité, de liberté, de chuchotements, de confidences, de transmissions et d'échanges, on vient au hammam à la fois nettoyer son corps et son âme «comme si l'art de la beauté conduisait à la spiritualité».

Et ta ville ne sera une ville vraiment parfaite que le jour où elle aura un hammam.
494ᵉ nuit de Schéhérazade, *les Mille et Une Nuits*

Le temps que l'on prend pour soi aujourd'hui embellit celui de demain.

La beauté sublime les yeux, la douceur charme l'âme.

Ne restons pas muet et passif, il est de notre responsabilité quotidienne, individuelle puis collective « d'être le changement que nous

Biographie de l'auteure

Curieuse, passionnée, Francine Nascivet aime découvrir et sillonner les routes de ce monde si fascinant, avec un attachement tout particulier pour l'Asie du Sud-Est, ses peuples, ses rites et célébrations millénaires, ses paysages singuliers. Des voyages insolites, riches de rencontres et d'émotions inoubliables, qui rendent hommage à la beauté vivante des êtres, à l'histoire, aux mystères et secrets des diverses traditions médicinales et rituels de bien-être, aux merveilles naturelles des lieux explorés. Après ses études universitaires, Francine Nascivet suit de nombreux cours et formations, entre ici et ailleurs, sur les médecines de l'oubli, notamment en médecine traditionnelle indienne. Journaliste indépendante, elle collabore à plusieurs publications et se spécialise dans des univers plus organiques et durables, qui parlent également au corps et aux sens comme une invitation sans fin à un voyage, à une dérive vagabonde et poétique qui exaltent l'imaginaire. Elle est également l'auteure d'un projet documentaire sur les dessous des cosmétiques.

Auteure
Francine Nascivet

**Éditeur et directeur
de production**
Olivier Gougeon

Correcteurs
Pierre Daveluy
Marie-Josée Guy

Infographistes
Pascal Biet
Marie-France Denis

Photographies

Page couverture
© Masterfile

Planches couleur
© Brice Galteau (page I: La Source Bains nordiques, Spa Thermo-Riviera; page II: Spa de l'Eau à la Bouche; page III: Spa de La Pinsonnière, Spa du Manoir Saint-Sauveur; page V: Spa Away – W Montréal (à gauche); page VI: Spa de l'Auberge Le Moulin Wakefield; page VII: Studio Beauté du Monde, Spa Thermo-Riviera; page VIII: Spa Ofuro (en haut); page IX: Studio Beauté du Monde (à gauche); page X: personnel, Spa de l'Auberge du Lac Taureau; page XI: Cantons-de-l'Est; page XIII: Studio Beauté du Monde ; page XV: personnel; page XVI: Spa Givenchy – Les Trois Tilleuls, Spa Away – W Montréal, personnel).
© Dreamstime / Yanik Chauvin (page VIII en bas) / Niederlander (page IX à droite) / générique (page XV à gauche)
© La Source Bains nordiques / Guy Hamelin (page IV et page V en bas à droite)
© Spa Givenchy – Les Trois Tilleuls (page V en haut à droite)
© Spa Savanna (pages XII et XIV)

Toutes les marques citées dans ce livre appartiennent à leurs compagnies respectives. De même, tous les produits, logos et images qui sont présents dans ces pages sont la propriété de leur marque respective.

Remerciements
L'auteure remercie chaleureusement Brice Galteau pour sa présence, son aide et sa patience.

Les Guides de voyage Ulysse reconnaissent l'aide financière du gouvernement du Canada par l'entremise du Programme d'aide au développement de l'industrie de l'édition (PADIÉ) pour leurs activités d'édition.

Les Guides de voyage Ulysse tiennent également à remercier le gouvernement du Québec – Programme de crédit d'impôt pour l'édition de livres – Gestion SODEC.

Catalogage avant publication de Bibliothèque et Archives nationales du Québec et Bibliothèque et Archives Canada

Nascivet, Francine, 1976-
          Les meilleurs spas au Québec
          Comprend un index.
          ISBN 978-2-89464-845-2
          1. Stations climatiques, thermales, etc. - Québec (Province) - Guides. 2. Médecines parallèles. I. Titre.

RA810.Q8N37 2007   613'.12209714   C2007-941616-0

SOMMAIRE

LISTE DES CARTES

LÉGENDE DES CARTES

 Aéroport

 Gare ferroviaire

 Piste cyclable

 Autoroute

 Information touristique

 Routes

 Capitale nationale

 Librairie Ulysse

 Station de métro (Montréal)

 Capitale provinciale

 Montagne

 Traversier (ferry)

 Église

 Musée

 Traversier (navette)

Un mot de l'auteure

Si ton esprit et ton âme sont impurs et que l'essence de ta vie ne se reflète pas sur ta peau, alors prends le temps de respirer, de plonger ton corps dans la source, de t'arroser de fleurs du pot-pourri de l'éclosion de l'univers. La purification du massage embellira ta peau, ton âme et ton esprit.

Cet extrait d'un conte populaire javanais du début du XVIIIe siècle résume à merveille ces univers empreints de magie et de mystère où il fait bon se recueillir, retrouver l'équilibre... si fragile.

SPA, *Sanitas Per Aquam* ou la «santé par l'eau», trois petites lettres, une syllabe tel un mantra pas toujours convenablement murmuré ou fredonné. En ces lieux hédonistes, parfois imparfaits ou excessivement commerciaux, retourner à la source du mot me paraît essentiel, voire inévitable.

La beauté sublime les yeux, la douceur charme l'âme.

Cette citation de Voltaire décrit très justement les premières impressions ressenties, le seuil à peine franchi :

Ma passion

Dès l'enfance, attirée par les vieilles échoppes d'apothicaires, les «lieux d'eau» que l'on disait sacrés, les atmosphères enchanteresses, les soins frais aux textures et arômes délicats ou inédits, j'ai développé, au fil des années, une sensibilité et une véritable fascination pour les rituels de beauté venus d'ailleurs. Des traditions où le geste et les secrets des petits pots si jalousement gardés se perpétuent de mères en filles depuis la nuit des temps, des onguents respectueux des besoins de la peau dans l'harmonie de la nature. Un goût prononcé pour les médecines ancestrales et leur sagesse légendaire. De cette véritable passion, l'envie d'écrire un guide sur les spas d'exception du Québec, les rituels du bain, les massages traditionnels, l'Ayurvéda, les exercices du bien-être et les dessous de la cosmétique, est devenue de plus en plus vivace. Signe ou hasard? Ce vieux rêve est devenu ma réalité. Je remercie Olivier Gougeon, éditeur, de m'avoir accordé toute sa confiance. Et merci à vous, bâtisseurs de bien-être, pour votre formidable et chaleureux accueil.

À quelques pas ou à des centaines de kilomètres, pour une heure ou une semaine, je souhaite que ce guide vous entraîne à la dérive, hors du temps, dans des lieux où vous goûterez, les sens en éveil, au plaisir du temps qui passe. Douceur, sensations nouvelles ou oubliées, sombrez avec un réel plaisir dans une «féconde paresse». Des envies fulgurantes d'escapades imprévues, d'école buissonnière ou d'instants de partage, aujourd'hui suivez vos propres instincts, échappez-vous. Tant pis pour ceux qui s'obstinent.

Respirez Touchez (re)Sentez Goûtez Écoutez

Selon l'envie et l'humeur de l'instant, immergez-vous dans des sources chaudes et limpides, confiez vos nœuds dorsaux aux mains douces et avisées. Laissez-vous tout simplement émerveiller. À votre retour, tout vous semblera plus beau.

Bon voyage....

Francine Nascivet

Introduction

Le guide Ulysse *Les meilleurs spas au Québec* présente, par régions, plus de 40 spas ou établissements de remise en forme. Pour pousser plus loin l'expérience du mieux-être et de l'art de vivre, vous trouverez en fin de chapitre un carnet d'adresses avec une foule d'activités de plein air ainsi qu'une belle liste d'épiceries bios, de salons de thé, de restos santé et autres lieux de petits plaisirs...

POUR QUI?

Destiné aux néophytes comme aux fins connaisseurs, ce guide vous fait voyager à travers plusieurs régions du Québec, à la découverte des spas d'exception. En pleine nature ou en ville, du plus simple au plus luxueux, vous découvrez des adresses de charme répertoriées en trois catégories: spas avec hébergement, spas «expérience thermique» et spas urbains. Détente, ressourcement et rêverie, quoi de plus invitant qu'une heure ou une journée dans ces oasis de tranquillité?

VOUS AVEZ DIT «MEILLEURS SPAS»?

Au fil des dernières années, les spas sont devenus des emblèmes d'un nouvel art de vivre, et l'on voit partout fleurir ce petit mot aux grandes promesses de détente et de bien-être. Mais qu'en est-il exactement? Comment s'y retrouver dans la prolifération de ces lieux de rêve dont les tarifs sont souvent conséquents? Grands hôtels, spas champêtres ou urbains, d'allure contemporaine ou épurée, les 43 établissements en pleine effervescence décrits dans le guide ont été sélectionnés judicieusement par l'auteure, au vue de ses connaissances, expériences, voyages et émotions.

Ils soulignent certains codes avec brio, où le mot «spa» prend tout son sens: l'identité; l'accueil; l'ambiance; le décor intérieur (style et inspiration, singularité ou noblesse des matériaux, couleurs et textures, œuvres uniques, subtilité de l'éclairage); le confort; l'innovation; la division des espaces; la lumière naturelle; les odeurs envoûtantes; les sons; la cuisine inventive et légère; la démarche écologique; le souci d'authenticité et de qualité; les rituels de soins; les produits utilisés; la chaleur des mains; l'écoute; le sourire; le calme.

Tous ces éléments, dans des proportions variables, doivent être respectés pour faire partie du voyage, pour transporter corps et âmes vers des territoires inconnus où l'on ne discerne plus très bien le réel de l'imaginaire. Les lignes, les courbes, les formes, les volumes, les teintes jouent avec le visible et l'invisible, le clair et l'obscur.

ET POUR APPROFONDIR...

Après une présentation détaillée des meilleurs spas au Québec, la deuxième partie du guide invite le lecteur à encore plus de découvertes en matière de bien-être et de remise en forme sous différentes latitudes. Ces chapitres qui portent sur les rituels millénaires des bains et autres massages du monde, la médecine traditionnelle indienne, les méthodes corporelles de bien-être et les cosmétiques bios, devraient aiguiser votre curiosité. Et pour terminer en beauté: un petit lexique et une brève bibliographie.

CLASSIFICATION DES SPAS

Précédant le nom de chacun des spas, un pictogramme vous permet, en un coup d'œil, de savoir à quel type d'établissements il appartient:

 L'expérience thermique: profitez pleinement, entre autres, des bienfaits de l'alternance chaud-froid.

 Spas avec hébergement: prenez le temps de vous laisser dorloter dans ces établissements combinant soins et hébergement de charme.

 Spas urbains: quittez la frénésie de la ville pour un moment délassant et régénérant.

 Autres découvertes: découvrez encore d'autres lieux de détente et de plénitude.

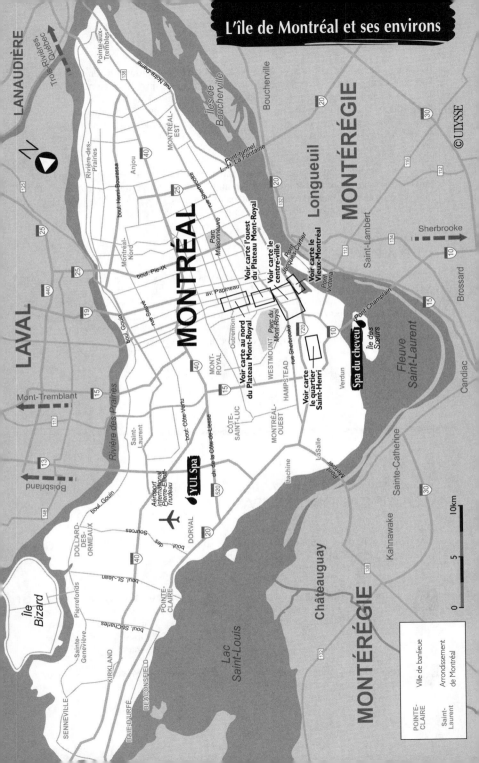

L'île de Montréal et ses environs

Montréal

Avec ses quartiers bigarrés et colorés aux ambiances uniques, Montréal, ville historique et culturelle, arbore avec fierté de grandes richesses qui sont autant d'invitations à la découverte et à la flânerie. À pied, en vélo, en autobus ou en métro, l'île aux poumons verts recèle de petits lieux cachés et enchanteurs. Après une balade au musée ou sur les berges du canal de Lachine, poursuivez votre promenade par le réseau piétonnier souterrain, ce paradis des achats effrénés comptant 33 km de galeries intérieures. Puis repartez le pied léger vers le parc du Mont-Royal avant de retrouver les marchés animés, tel le marché Jean-Talon, le plus grand marché public à ciel ouvert en Amérique du Nord, qui embaument tous l'air de parfums de saison, de couleurs et de sons. Régalez-vous de fruits et légumes variés, frais, bios, de nombreux produits du terroir, comme ces fromages qui n'ont rien à envier à ceux du Vieux Continent. Fière de son multiculturalisme, créative, les papilles en alerte, Montréal, ville portuaire, saura séduire tant les gourmets que les gourmands. Cosmopolite, noctambule, raffinée, renommée pour ses festivals et événements devenus si célèbres, Montréal valse au rythme des solstices et des équinoxes.

Le centre-ville de Montréal

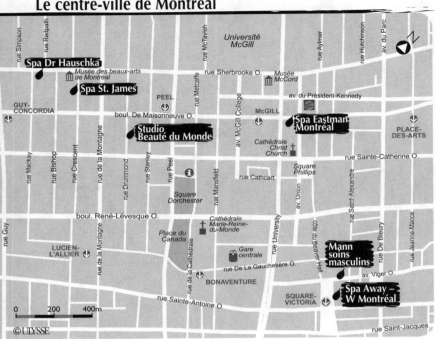

Le Vieux-Montréal

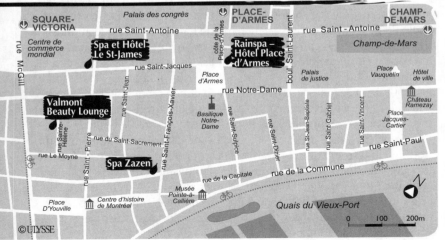

L'ouest du Plateau Mont-Royal

©ULYSSE

av. du Mont-Royal E.

MONT-ROYAL

Parc du Portugal

rue Marie-Anne E.

boul. Saint-Laurent

rue Rachel E.

Ambrosia

rue Clark

rue Saint-Dominique

av. Coloniale

avenue Duluth E.

rue Bagg

rue Napoléon

St-Cuthbert **Studio Bliss**

av. de l'Hôtel-de-Ville

rue Roy

rue Droiet

rue Rivard

rue Berri

av. des Pins O.

rue De Bullion

av. Laval

av. Henri-Julien

rue Saint-Denis

Espace Nomad

rue Prince-Arthur E.

Square Saint-Louis

SHERBROOKE

0   100   200m

Au nord du Plateau Mont-Royal

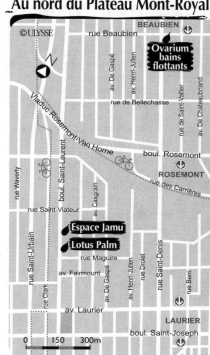

©ULYSSE

rue Beaubien

BEAUBIEN

Ovarium bains flottants

av. De Gaspé

av. Henri-Julien

rue de Bellechasse

rue de Saint-Vallier

av. De Chateaubriand

Viaduc Rosemont-Van Horne

boul. Saint-Laurent

av. Casgrain

boul. Rosemont

ROSEMONT

rue des Carrières

rue Waverly

rue Saint-Viateur

rue Saint-Urbain

rue Clark

Espace Jamu

Lotus Palm

rue Maguire

av. Fairmount

av. De Gaspé

av. Henri-Julien

rue Droiet

rue Saint-Denis

rue Berri

av. Laurier

LAURIER

boul. Saint-Joseph

0   150   300m

Le quartier Saint-Henri

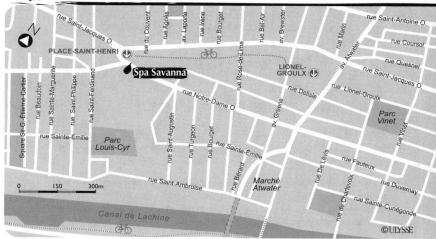

rue Saint-Jacques O.

rue du Couvent

rue Agnès

av. Laporte

rue Irène

rue Bourget

rue Bel-Air

av. Brewster

rue Marin

rue Saint-Antoine O.

rue Coursol

PLACE-SAINT-HENRI

Spa Savanna

rue Rose-de-Lima

LIONEL-GROULX

av. Atwater

rue Quesnel

rue Saint-Jacques O.

Square Sir-G.-Étienne-Cartier

rue Beaudoin

rue Sainte-Marguerite

rue Saint-Philippe

rue Saint-Ferdinand

rue Notre-Dame O.

rue Delisle

rue Lionel-Groulx

av. Greene

Parc Vinet

rue Vinet

rue Sainte-Émilie

Parc Louis-Cyr

rue Saint-Augustin

rue Turgeon

rue Bourget

rue Sainte-Émilie

rue De Lévis

rue Fauteux

rue Saint-Ambroise

rue Bérard

Marché Atwater

rue de Charlevoix

rue Sainte-Cunégonde

rue Duvernay

Canal de Lachine

©ULYSSE

0   150   300m

🏛 Ambrosia

Au cœur du Plateau Mont-Royal se cache une adresse pas comme les autres. Baigné d'une douce lumière, d'effluves d'huiles essentielles, ce lieu tranquille et serein, dont le nom signifie «nectar de l'immortalité», a choisi des matériaux écologiques: planchers de bambou, peinture sans COV (composés organiques volatils), draps en coton biologique, produits de soins sans agents de conservation ou parabens, etc. À découvrir absolument: la cabine à rayons infrarouges, qui favorise l'élimination des toxines et métaux lourds, soulage les tensions et douleurs sans l'inconfort de la vapeur ou d'une chaleur intense.

SOIN SIGNATURE

Massage aromathérapie

Tous les soins et traitements sont précédés d'un petit quart d'heure de méditation guidée pour reposer cet esprit qui court tout le temps. S'ensuit un massage personnalisé avec des essences préparées rien que pour vous. À la fois thérapeutique et réparateur, fluide et continu, ce soin apaisant et régénérateur combine longs effleurages, pressions et pétrissages. On redécouvre un état de relaxation profond, comme un retour aux sources.

Décor ◢◢◢

Les ➕ *L'extrême qualité du soin ◢ Le décor apaisant, conçu selon les principes du feng shui (couloir sinueux, couleurs, plantes, etc.), où vous décrochez complètement ◢ La cabine à rayons infrarouges ◢ Le choix de matériaux sains, les produits 100% bios ◢ La méditation avant le traitement permet un relâchement encore plus profond ◢ Une partie des fonds est remis à l'organisme Aide internationale pour l'enfance (www.aipe-cci-org).*

Le ➖ *Le manque de lumière naturelle dans les salles de soins.*

AUTRES SOINS, TRAITEMENTS ET SERVICES

Acupuncture • ostéopathie.

Massages: pierres chaudes • ayurvédique • californien • cranio-sacral • Essalen • femme enceinte • shiatsu • sportif • suédois • yoga thaï.

Activités supplémentaires: conférences • ateliers de massage parents-enfants, conscience corporelle • massage sur chaise en entreprise (sur réservation) • classe de méditation et de yoga (privée ou semi-privée) • des experts renommés du monde entier, invités à résidence pour quelques mois, enseignent leurs disciplines.

LE SPA EN UN CLIN D'ŒIL

Coordonnées
Ambrosia
4150 rue Saint-Denis, ☎514-504-7886
métro Mont-Royal

Installations
4 salles de soins individuels – 2 salles de soins duo – 1 salle de méditation et de yoga.

Tarifs
Soins entre 65$ et 120$; cabine à rayons infrarouges, 30$ pour 30 min.

Environnement
Tout près de la boutique équitable Dix Mille Villages, en face de la boutique de mode éthique Rien à cacher, ce spa, au dernier étage d'un triplex de la rue Saint-Denis, est un véritable refuge. Profitez du calme des lieux en sirotant une dernière tasse de thé bio avant de retrouver la frénésie urbaine.

▟ Espace Nomad

Mobilier patiné de rose et de vert importé de Java, lumières douces des bougies posées ici et là, le boulevard Saint-Laurent s'est enrichi d'un espace inédit dédié au bien-être des citadins désireux de larguer les amarres quelques heures. Devise du lieu: *Le temps que l'on prend pour soi aujourd'hui embellit celui de demain.*

SOINS SIGNATURE

Massage profond et traitement anticellulite

À l'écoute des nœuds et tensions, les mains enduites d'une crème d'algues aux vertus tonifiantes ou d'une crème au chocolat aux vertus antioxydantes, la thérapeute dénoue une nuque engourdie. Ce massage profond, revigorant, décontractant, mais jamais douloureux, fait disparaître le surplus de tensions musculaires. Le voyage sensoriel se poursuit par un traitement anticellulite alliant manœuvres de palper-rouler et baume aux huiles essentielles biologiques de géranium et de citron. La peau pétrit, roule centimètre par centimètre, s'échauffe, libérant ainsi les adhérences. Puis, gommage au café pour activer la circulation et stimuler les amas graisseux. Le soin se termine par une application de serviettes chaudes. Très efficace pour tonifier la peau et affiner la silhouette.

Décor ◢ ◢ ◢ 1/2

Les + *Le service très attentionné ◢ Les élixirs aux plantes offerts (citron, miel et herbes chinoises) ◢ L'application de serviettes chaudes pour éliminer les résidus après certains soins corporels ◢ L'exclusivité de la ligne Lunaroma, une gamme de cosmétiques entièrement biologiques ◢ Les programmes corporatifs (service de massage sur chaise proposé en entreprise et lors d'événements spéciaux) ◢ Le «höm spa»: massages suédois ou californien reçus dans le confort de votre foyer - Les meubles javanais invitent au voyage.*

Le — *Les salles de soins ne bénéficient pas de lumière naturelle.*

AUTRES SOINS, TRAITEMENTS ET SERVICES

Massages: à quatre mains • californien • en duo • femme enceinte • pierres chaudes • reiki • shiatsu • sur chaise • yoga thaï.

Soins du corps: enveloppement au miel bio et fleurs de jasmin • exfoliation romarin/menthe, cannelle/gingembre/cardamome, chocolat/canneberge.

Soins du visage: Juara de tradition indonésienne.

Activité complémentaire: Hatha-yoga (cours de groupe semi-privé ou privé).

LE SPA EN UN CLIN D'ŒIL

Coordonnées
Espace Nomad
3630 boul. Saint-Laurent, ☎514-842-7279, www.espacenomad.ca
métro Saint-Laurent ou Sherbrooke

Installations
2 salles de soins individuels – 1 salle de soins duo.

Tarifs
Soins entre 55$ et 110$.

Environnement
À deux pas de la rue Prince-Arthur, au deuxième étage d'un édifice, à l'abri du bruit. Avant de rejoindre les boutiques et restaurants branchés de la *Main*, sirotez un dernier élixir au salon de détente.

▟ Spa Dr.Hauschka

Cet appartement feutré de la rue Sherbrooke évoque le charme d'une autre époque. Lorsque vous quitterez ce lieu paisible, aux méthodes de soins naturelles et efficaces, votre énergie vitale aura retrouvé le chemin de l'équilibre et de l'harmonie.

SOIN SIGNATURE

Soin Classique Dr.Hauschka

L'hôte est invité à suivre l'approche exclusive et holistique des soins Dr.Haushcka, qui considère l'être dans sa globalité (corps, âme, esprit) et la peau comme un organe à part entière, sensible aux fluctuations internes et externes. La ligne de soins complètement pure est donc composée de plantes médicinales certifiées biologiques ou sauvages, issues de la culture biodynamique. Cette méthode unique repose sur différents principes, notamment la chromothérapie (thérapie avec la lumière), l'aromathérapie, mais surtout la stimulation tout en douceur de certains points énergétiques, tant manuelle qu'à l'aide de pinceaux de soie, qui active et harmonise les principales fonctions naturelles de régénération et d'équilibre de ce tissu vivant qu'est la peau. Entièrement pris en charge par la bio-esthéticienne, ce soin enchanteur commence par un bain de pieds à la sauge, suivi de massages introductifs des pieds, jambes, décolleté, nuque et tête pour une profonde détente, qui sont associés à l'application de compresses parfumées aux huiles essentielles, à la pose de différents masques et d'un voile de poudre de soie. Résultat: la peau est reposée, douce et lisse, comme éclairée de l'intérieur. Les bienfaits persisteront des jours durant.

Décor ◢◢◢

Les ✚ *La philosophie et l'approche holistique du bien-être et de la beauté ◢ La haute qualité du soin reçu par Mme Enaam Takla ◢ La ligne de cosmétiques Dr.Hauschka exclusivement biologique ◢ Avant de quitter ce havre de paix, le spa vous offre une retouche maquillage.*

Les ▬ *Aucune salle ne profite de la lumière extérieure ◢ Le salon de repos fait également office de réception.*

AUTRES SOINS, TRAITEMENTS ET SERVICES

Massage: rythmique/thérapeutique.

Soins du corps: balnéothérapie • endermologie • enveloppement à la boue volcanique • exfoliation • traitement du dos, du cou et du buste, des jambes, des mains • traitement d'équilibre des chakras.

Soins du visage: soin de base • soin pour hommes • soin vivifiant et nettoyant.

Électrolyse • épilation • manucure et pédicure Dr.Hauschka • maquillage.

Service complémentaire: Mme Enaam Takla, propriétaire du Spa Dr.Hauschka à Montréal, est responsable de l'enseignement de la technique et des produits Dr.Hauschka pour l'ensemble du Canada.

LE SPA EN UN CLIN D'ŒIL

Coordonnées
Spa Dr.Hauschka
1444 rue Sherbrooke O., ☎514-286-1444, www.spadrhauschka.com
métro Guy-Concordia

Installations
2 salles de soins individuels avec chromothérapie – 1 salle de balnéothérapie avec chromothérapie.

Tarifs
Soins entre 55$ et 150$.

Environnement
Dans le quartier chic des belles boutiques de la rue Sherbrooke, proche du Musée des beaux-arts de Montréal.

▙ Spa Eastman Montréal

Au 16e étage d'un édifice à bureaux de la trépidante rue Sherbrooke, tout n'est que calme. Après avoir revêtu un moelleux peignoir, prenez place dans l'un des larges fauteuils en bambou revêtu de coussins d'un blanc immaculé. Admirez la vue panoramique du centre-ville et du mont Royal qui s'offre à vous tout en sirotant une tisane accompagnée de quelques collations santé. Le secret haut perché le mieux gardé pour vous faire oublier la fatigue urbaine.

Membre Spas Relais Santé Certifiés

SOIN SIGNATURE

Le quatuor Eastman

Signé Eastman, ce soin polysensoriel à quatre mains commence par le dos. Pour une relaxation absolue du corps et de l'esprit, les deux thérapeutes coordonnent leurs rythmes et gestuelles (étirements, balancements, pressions profondes ou légères, balayages doux ou dynamiques, drainage et réflexologie) à l'unisson ou presque. Recto, verso, de la pointe des pieds au sommet du crâne, sans oublier le ventre. Un soin où tout le corps est pris en charge.

Décor ◢ ◢ 1/2

Les ✚   *La vue sur le mont Royal et la lumière extérieure* ◢ *Les différents program-mes proposés (contre la cellulite* ◢ *future maman* ◢ *massage sur chaise en entreprise).*

Le ➖   *La décoration désuète (rénovation prévue pour l'hiver 2008).*

AUTRES SOINS, TRAITEMENTS ET SERVICES

Massages: californien • drainage lymphatique • réflexologie • shiatsu • Stone massage • suédois • sportif.

Soins du corps: bain thérapeutique • enveloppement • exfoliation corporelle • miracle minéral du dos • pressothérapie.

Soin du visage: classique.

Épilation • *miracle minéral pour les mains ou les pieds* • *soin des mains et des pieds.*

Service supplémentaire: massage sur chaise en entreprise.

LE SPA EN UN CLIN D'ŒIL

Coordonnées
Spa Eastman Montréal
666 rue Sherbrooke O., 16e étage, ☎514-845-8455, www.spa-eastman.com
métro McGill

Tarifs
Soins entre 45$ et 160$.

Environnement
Au 16e étage, en plein cœur du centre-ville, dans la rue Sherbrooke, proche du Musée McCord. Le spa offre une vue saisissante sur le poumon vert de Montréal: le mont Royal.

Installations
9 salles de soins individuels – 2 salles de balnéothérapie – 1 salle de soins duo.

Projet
Rénovation prévue pour l'hiver 2008.

▲▲ Spa Savanna

Loin de l'exubérante rumeur urbaine, le Spa Savanna, aux lignes subtiles, dans des teintes de camaïeu sable, se veut un lieu protégé, un appel en terres australes, un bain maure autour duquel s'articulent salles spacieuses et *lalapanzi* (lieu de repos en zoulou). Autant de raisons d'y faire une halte prolongée. Allongez-vous dans un moelleux fauteuil, sirotez un thé brûlant ou savourez un repas léger et gourmand. Ici tout est orchestré pour votre plaisir.

Membre Leading Spas of Canada

SOIN SIGNATURE

Massage relaxation signature

Arrivez plus tôt pour profiter des vapeurs du hammam, prélude incontournable pour purifier le corps et préparer l'esprit aux soins suivants. Le rituel marie les bienfaits d'un massage en profondeur fait de pompages et de pressions qui relancent la circulation (pour une peau plus ferme et plus tonique) à l'application de compresses d'herbes (Luk Pra Kob) chauffées à la vapeur, importées de Thaïlande, pour réduire à néant toutes les tensions musculaires. Petit supplément d'âme: pour prolonger l'expérience spa à la maison, les pochons de lin vous seront remis en fin de traitement.

Décor ♦♦♦♦

Les ✚ *Les produits 100% bios et équitables de la marque Ancient Secrets ♦ Le bain vapeur ♦ Les cases en bois pour chaque invité incluant peignoir et serviettes ♦ L'option de commander un déjeuner-spa (prière de réserver 24h à l'avance).*

Le ➖ *Les salles de soins sont exemptes de lumière naturelle.*

AUTRES SOINS, TRAITEMENTS ET SERVICES

Massages: aromathérapie • en duo • pierres chaudes • réflexologie • thérapeutique • yoga thaï.

Soins du corps: enveloppement à la mangue et à la lavande • exfoliation au sucre turbinado 100% bio, à la lavande et soya.

Soins du visage: pour elle et lui.

Bronzage sans soleil • épilation à la cire • manucure et pédicure • maquillage minéralisé pour soins de la peau.

LE SPA EN UN CLIN D'ŒIL

Coordonnées
Spa Savanna
4032 rue Notre-Dame O., ☎514-931-6544, www.spasavanna.com
métro Place-Saint-Henri

Installations
8 salles de soins individuels – 1 salle de soins duo – 1 salle manucure/pédicure – 1 bain vapeur – 1 *lalapanzi*.

Tarifs
Soins entre 40$ et 170$.

Environnement
Proche de la sortie de la station de métro Place-Saint-Henri, face à la boutique de mode écologique La Gaillarde, loin des grands axes. À quelques minutes à pied du marché Atwater et du canal de Lachine.

Spa St. James

À deux pas du Musée des beaux-arts, le Spa St. James officie dans une magnifique maison victorienne d'un autre siècle. Les étages se succèdent, imposent leur propre thème. Au premier étage, la réception et les salles de soins mêlent confort et ton corail. Quelques marches plus haut, l'espace, d'inspiration zen, s'ouvre sur un vaste salon aux lignes épurées, où le charme de la brique se mélange aux portes coulissantes en bois et en verre givré.

SOINS SIGNATURE

Enveloppement au chocolat et massage aux pierres chaudes

Une fois le corps enveloppé d'une mousse au chocolat fondant, épicée de clous de girofle et de poivre noir de la marque Ishi (exclusivité de la maison) aux effets reminéralisants, antioxydants, hydratants et regalbant, la sensation de jambes lourdes disparaît. Après 20 min de méditation dans ce cocon chaud tout choco, la pluie fine des jets rappelle à la réalité. S'ensuit un massage aux pierres chaudes de basalte, imbibées d'un concentré choco-noisette. Un pur bonheur de détente absolue. Fluide, ce ballet de galets et de mains dissipe les tensions, libère l'énergie et draine les toxines. Comme une seconde peau, cette bonne odeur de chocolat continue de libérer ses propriétés actives la journée durant.

Décor 1ᵉʳ étage: ◗◗ 1/2 — 2ᵉ étage: ◗◗◗1/2

Les ┼ Le salon du deuxième étage : lumineux, vaste, accueillant avec de larges
       fauteuils et un sofa en bambou ◗ La luminosité extérieure dans la plupart
       des salles de soins au deuxième étage ◗ L'immense salle pédicure/manucu-
       re ◗ Le service attentionné et personnalisé ◗ Les cours de remise en forme
       pour une approche plus globale de la conscience corporelle.

Le ‐   Au premier étage, les salles de soins sont exemptes de lumière naturelle,
       l'espace trop exigu, la couleur corail trop sombre.

Autres soins, traitements et services

Massages: californien • drainage lymphatique • massage de couple • miel de
lavande chaud • suédois • polarité • réflexologie • reiki.

Soins du corps: sauna sec Alpha • enveloppement à la boue thermale • exfoliation au moût de raisin • soins du dos • traitement anticellulite: Ishi raffermissant.

Soins du visage: au masculin • chocothérapie • drainage lymphatique • facial
Hi-Tech d'Ishi • Ishi hydratation • microdermabrasion • photorégénération • signature *lifting* sans chirurgie • traitement anti-âge pour le contour des yeux et des
lèvres • vasculyse • vinothérapie.

*Bronzage à l'aérographe • épilation à la cire • manucure • pédicure • traitements
anticellulite • traitement Ishi rajeunissant pour les mains.*

Activités complémentaires: entraînement personnalisé sur machines/Pilates/
yoga • salon de coiffure.

Le spa en un clin d'œil

Coordonnées
Spa St. James
2190 rue Crescent, ☎514-844-4590, www.spastjames.com
métro Peel ou Guy-Concordia

Installations
10 salles de soins individuels – 1 salle de soins duo – 1 salle pédicure/
manucure – 1 sauna sec Alpha – 1 salle de remise en forme avec équipements – 1 salon de coiffure.

Tarifs
Soins entre 50$ et 160$.

Environnement
À l'angle des rues Crescent et Sherbrooke, au cœur du quartier des boutiques de luxe, des commerces spécialisés et de nombreuses galeries d'art.

ᴸᵘ Spa Zazen

Aménagé dans un bel immeuble historique, à deux pas du fleuve, le Spa Zazen mise sur un style épuré, un savant mélange de matériaux bruts, de pierres et de bois, de lumière et d'espace. Silence et douceur au troisième étage de la rue Saint-Paul, adresse incontournable des rituels d'Orient, sous l'œil souriant du bouddha.

SOIN SIGNATURE

Abhyanga-Swedana

De la consultation au massage, les traitements traditionnels indiens ou ayurvédiques, exécutés avec beaucoup de savoir-faire, sont à l'honneur. Le rituel débute par un massage à l'huile chaude selon votre *dosha* ou constitution (sésame pour *Vata*, noix de coco pour *Pitta*, moutarde pour *Kapha*) – ces trois types de constitution selon l'Ayurvéda vous sont expliqués à la page 158. Balayages, tapotements, pressions sur les points de *marma* (points vitaux), rotations autour des articulations, les mouvements glissent, le corps s'abandonne. S'ensuit un bain de vapeur à base de plantes (*svedana*). Sous l'effet de la chaleur, les toxines accumulées sont libérées, la circulation lymphatique et énergétique stimulées, le corps détendu et purifié.

Décor ◢ ◢ ◢

Les ✛   *L'authenticité et la qualité des traitements ayurvédiques ◢ Les différentes herbes, huiles et épices utilisées pour les soins sont 100% biologiques ◢ Dédié au bien-être du corps et de l'esprit, le studio propose des techniques globales (Pilates, yoga) ou uniques (programme Barefoot Bliss, Budokon) qui permettent de travailler à la fois posture, souplesse et tonicité.*

Le –   *Les salles ne sont pas parfaitement insonorisées.*

AUTRES SOINS, TRAITEMENTS ET SERVICES

Massages: acupressions • cranio-sacrale • pierres chaudes • réflexologie • shiatsu • thaï traditionnel.

Traitements ayurvédiques: Hrid basti • Janu basti • Kati basti • Khizi • Nasyam • Pada Abhyanga –Shiro Abhyanga • Shirodhara.

Homéopathie • médecine traditionnelle chinoise • orthothérapie.

Activités complémentaires: Barefoot Bliss (évaluation et entraînement) • Budokon • Hatha-yoga • Pilates • *Power yoga.* Cours privés, semi-privés et collectifs.

LE SPA EN UN CLIN D'ŒIL

Coordonnées
Spa Zazen
209 rue Saint-Paul O., 3ᵉ étage, ☎514-287-1772, www.spazazen.com
métro Place-d'Armes

Installations
2 salles de soins individuels – 1 salle de cours collectif – 1 salle avec appareils Pilates.

Tarifs
Soins entre 60$ et 120$.

Environnement
Au cœur du Vieux-Montréal, à quelques pas du fleuve Saint-Laurent, des musées et d'autres attraits touristiques. Au pied des fortifications, rue des antiquaires, galeries d'art, boutiques, restaurants. Une ambiance qui respire l'air du large.

📖 Studio Beauté du monde

Cet authentique hammam oriental, en plein cœur du centre-ville, est le lieu idéal pour oublier les tracas quotidiens, se retrouver autour d'un thé à la menthe, relaxer, partager des histoires de voyage et s'offrir des soins exécutés dans les règles de l'art. Bain de jouvence, le rituel du hammam a émerveillé de nombreux écrivains et artistes comme Théophile Gauthier lors d'un voyage à Constantinople: *Quand je sortis, j'étais si léger, si dispo, si souple, si remis de ma fatigue qu'il me semblait que les anges du ciel marchaient à mes côtés!*.

SOIN SIGNATURE

Rituel du hammam

Des vapeurs chaudes et humides s'exhale un parfum doux et camphré d'eucalyptus. Dans ce lieu aux lumières tamisées, le corps s'abandonne. Sous l'effet de la chaleur, la peau se ramollit, les pores se dilatent, le savon noir, riche en vitamines E et onctueux, prépare la peau à l'exfoliation. Après une vingtaine de minutes, allongez-vous sur la dalle chaude, dans la salle tiède. Le soin se poursuit par un gommage d'exception à l'aide d'une *kessa* (gant de crin), par un enveloppement au *rassoul* parfumé aux roses de Damas, puis par un rinçage. La pureté de l'olive, conjuguée aux vertus de l'argile et au tissu granuleux, laisse votre peau douce et purifiée. Après ce soin divin, suspendez le temps en vous reposant sur les coussins moelleux et colorés, profitez d'une application d'huile hydratante au jasmin. Difficile de résister au vieil adage: *Quiconque va aux bains pendant quarante jours consécutifs réussira tout ce qu'il entreprendra*.

Décor ♦♦♦

Les ✚ *Un hammam traditionnel avec ses différentes pièces ♦ Les bancs de la salle de vapeur recouverts de petites mosaïques couleur myrtille ♦ Les lits moelleux de la salle de repos ♦ L'authenticité et la qualité des soins ♦ Le contraste des tons chauds et du mobilier sombre, fabriqué sur mesure ♦ L'espace est nimbé de lumière naturelle ♦ Le thé à la menthe, les pistaches, olives vertes et pâtisseries orientales offerts au salon de thé, en fin de séance, exaltent les papilles ♦ La musique orientale invite au voyage ♦ Certains jours sont réservés aux femmes, d'autres aux hommes, le samedi est un jour mixte ♦ Le prêt d'un paréo, peignoir et sandales.*

Les — *Il ne manque que la fontaine rafraîchissante ♦ La marque du shampooing plus occidentale qu'orientale ♦ Les lits de repos et les vestiaires ne sont pas séparés.*

Autres soins, traitements et services

Massages: esthétique • thérapeutique.

Soins du corps: enveloppement au *rassoul* • exfoliation à la pierre d'alun, aux céréales berbères.

Soins du visage: cristaux blancs et gelée royale • crème de sésame et gelée royale • purifiant au rassoul.

Soins capillaires: à l'huile d'argan • au karité • au *rassoul.*

Beauté des mains et des pieds à l'orientale • *bronzage et tatouage au henné* • *épilation orientale au miel* • *maquillage à l'orientale.*

Le spa en un clin d'œil

Coordonnées
Studio Beauté du monde
1455 Drummond, bureau 2F, ☎514-841-1210
www.studiobeautedumonde.com
métro Peel

Installations
1 salle de repos – 1 salle tiède – 1 salle de vapeur chaude – 2 salles de soins individuels – 1 espace pédicure et manucure – 1 salon de thé.

Tarifs
Entrée au hammam: 29$; soins entre 40$ et 127$.

Environnement
Au cœur du prestigieux Quartier du Musée, au deuxième étage. À l'angle du boulevard De Maisonneuve (le spa est très bien insonorisé). À proximité des chics boutiques, restaurants, galeries d'art, etc.

Valmont Beauty Lounge

Après Hong Kong, Verbier, en Suisse, et Barcelone, la prestigieuse marque suisse Valmont, dédiée aux soins biotechnologiques, installe son premier Beauty Lounge au cœur du quartier historique du Vieux-Montréal. Cet espace lumineux et raffiné, où s'entremêlent art, beauté et bien-être, propose un concept inédit, le Swiss Global Well Being Program: un voyage complet à la découverte des soins, issus de la montagne et de la mer, accentués de philosophies orientales telles que le yoga, la réflexologie, le reiki et autres méthodes de relaxation, exercices de visualisation et conseils en nutrition. Laissez-vous entraîner dans cet univers où le temps s'arrête.

SOINS SIGNATURE

La cérémonie du soin Phyto-Alpine, soin Vitalité Hydratant, soin Énergisant et Éclat Phyto-Alpine

Pour optimiser la détente et l'efficacité du soin, ce traitement royal débute par une digito-poncture des pieds, jambes, mains et décolleté sur le trajet des principaux méridiens. S'ensuit l'application d'un lait nettoyant puis d'une lotion tonique. Avant l'étape du modelage visage et cou, une exfoliation à base d'un cocktail d'algues rouges et méristème élimine les impuretés en douceur, sans irritation. Antifatigue, idéal contre les effets du décalage horaire, ce masque-crème «Renewing Pack» aux essences de menthe conjugue effleurements, pincements doux et tonifiants. La microcirculation en est activée, le teint éclatant et lumineux. Le masque-crème est suivi d'un masque aux acides aminés et peptides de collagène, frais et pétillant, qui hydrate en profondeur, tonifie les tissus, efface rides et ridules dès la première séance. Pendant le temps de pause, le corps sombre dans une douce somnolence grâce à la réflexologie plantaire et crânienne. Puis il est délicatement réveillé par l'application des cubes de glace: le froid revitalise et stimule l'épiderme. Le soin se termine par la pose d'un sérum puis d'une crème spécifique visage, cou, contour des yeux et des lèvres. Au final, la peau est oxygénée et tonifiée, les traits lissés, le grain de peau resserré. Un soin complet qui allie efficacité et bien-être selon une gestuelle unique, signée Valmont.

Décor ♦♦♦♦ 1/2

Les ✚ Les mains expertes ♦ Le confort (matelas Tempur et couettes en duvet d'oie), le souci du détail et le choix d'une station de musique ♦ Un lounge de repos, clair et chaleureux, loin du bruit de la réception où il fait bon patienter avec une tasse de thé et de beaux livres (architecture, art, bien-être, etc.) ♦ Un décor d'esthète ♦ Aucune couverture chauffante électrique ♦ Aux quatre coins du monde, le protocole unique à Valmont est exécuté avec cette même attention ♦ L'uniforme chic de style asiatique couleur crème de chaque thérapeute ♦ Les toilettes écologiques ♦ La possibilité d'un menu gourmet-santé concocté par le chef de l'Hôtel Gault ♦ Les petits pots sont présentés dans des écrins somptueux sous une vitrine ♦

Dès janvier 2008, le Swiss Global Well Being Program: un concept global personnalisé de bien-être et d'harmonie.

Le ▬   *Les salles de soins sont exemptes de lumière naturelle. Cependant, l'œil est tout de suite attiré par la beauté des photographies qui rendent hommage aux courbes féminines.*

AUTRES SOINS, TRAITEMENTS ET SERVICES

Massages: amérindien aux pierres chaudes • modelage relaxant aux huiles essentielles • modelage ventre plat • soin du dos avec modelage relaxant.

Soins du corps: enveloppements des mers du monde (terre d'Afrique • d'Asie • du Nouveau Monde) • exfoliant aux sels de Bex, aux noyaux d'abricot • gommage aux sels de la mer Morte, au sucre, aux trois algues • Soin amincissant aux actifs marins, fermeté buste.

Soins du visage: dermo intensif • éclaircissant et revitalisant • éclat du teint • énergisant éclat • harmonisant oxygénant • hydratant intense • «liftant» intense • pureté anti-âge, oxygénant • raffermissant lissant • relaxation des alpages • sculptant avec le *Lumicell Touch* • traitement découverte des Alpes suisses • vitalité du visage et du décolleté, hydratant, réparateur.

LE SPA EN UN CLIN D'ŒIL

Coordonnées
Valmont Beauty Lounge
446 rue Sainte-Hélène, ☎514-510-6850, www.valmont.ch
métro Square-Victoria ou Place-d'Armes

Installations
4 salles de soins individuels.

Projet
Le Swiss Global Well Being Program sera disponible dès janvier 2008.
Ouverture de Valmont Beauty Lounges: Hong-Kong, fin 2007; Taiwan, 2008; Tokyo, 2009.

Tarifs
Soins entre 60$ et 400$.

Environnement
Aménagé dans un édifice historique du Vieux-Montréal datant de 1864, voisin de l'hôtel-boutique Gault, au cœur de la cité. Une adresse de prestige à l'abri du tumulte.

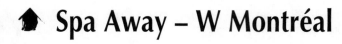 Spa Away – W Montréal

Les portes de l'ascenseur s'ouvrent et déjà les effluves d'un mélange d'huiles essentielles de pamplemousse et d'orange sanguine flottent dans l'air. L'attente a lieu dans un minuscule salon où trône un jardin japonais, avant de se laisser chouchouter dans une des cinq salles un peu exiguës, aux murs gris perle, baignées de lumière rouge, orange, jaune ou rose. Design épuré.

Soins Signature

Soin corporel affermissant «D-Age»

Le protocole commence par un gommage douceur aux enzymes d'acides de fruits et d'huile de jojoba. Suivi d'une application au pinceau d'un sérum raffermissant froid mais très actif. Pour augmenter l'effet «détox», le corps est embaumé durant une dizaine de minutes. Un massage du cuir chevelu fait oublier le temps qui passe. Le rendez-vous se poursuit par l'application de serviettes chaudes puis par un massage drainant, profondément relaxant, ciblé sur les jambes, dont le but est de réactiver la circulation lymphatique et de décongestionner les tissus. L'application d'une crème légère conclut ces 90 minutes, hydratation et régénération garanties.

Rituel «Aromasoul», massage arabe

Pour une sensation totale de bien-être, la séance commence par trois bonnes inspirations d'essences d'agrumes aux propriétés apaisantes. Puis, un peeling aux acides de fruits, riches en vitamines C, nettoie l'épiderme efficacement (mais en douceur) de ses irrégularités et impuretés. S'ensuivent des pressions légères mais soutenues pour éliminer les nœuds musculaires et permettre à l'énergie de circuler plus librement. Complété par un massage à l'huile aux mouvements simples, lents et rythmiques. On sort la tête dans les nuages.

Décor ◆ ◆ ◆

Les ✛ Les massages rituels (oriental, indien, méditerranéen et arabe) ◆ Les mercredis masqués ◆ La possibilité de privatisation du spa ◆ La saveur du thé ambroisie (feuilles de thé blanc aux arômes de noix de coco grillé, piqué de zestes d'ananas juteux).

Les — L'espace de détente et les salles de soins sont trop confinés ◆ La situation du spa en sous-sol, sans aucune lumière naturelle.

Autres soins, traitements et services

Massages: aromathérapeutique • à quatre mains • pierres chaudes • drainage lymphatique • réflexologie • reiki • rituels «Aromasoul» (arabe, indien, méditerranéen, oriental) • shiatsu • sportif • suédois.

Soins du corps: enveloppement corporel aromatique • gommage hydratant, tonifiant au sel • masque organique nutritif • redéfinition du buste • soin du dos • *vital leg.*

Soins du visage: action sublime • essentiel pour homme • peau radieuse • rééquilibrage • vitalité.

Manucure • paraffine • pédicure • shiatsu rituel «Lushy».

Activité complémentaire: les matinées yoga au square Victoria en été.

Hébergement

Coordonnées
W Montréal
901 rue du Square-Victoria, ☎514-395-3100, www.whotels.com
métro Square-Victoria

Type
Hôtel branché, chic et décontracté. Design moderne.

Au cœur du Quartier international de Montréal, dans un imposant édifice du milieu du XXe siècle, ancien siège social de la Banque du Canada, l'hôtel W, entièrement revisité, s'étend devant le square Victoria. Jeux de perspectives et de lumières électriques s'ouvrent sur un vaste vivoir, au son du murmure de l'eau. Une ambiance résolument moderne, à l'esprit chic. Les chambres et suites spacieuses, au confort sans failles (duvets et oreillers en duvet d'oie, accès Internet à haut débit, lecteur DVD…), mêlent avec subtilité la suprématie du blanc aux éléments noir ébène et sont rehaussées de rappels Art déco, telles ces touches de chrome. Le soir venu, sirotez un dernier martini au bar de votre choix ou encore composez la touche 0 de votre téléphone: le service «Top Désir» répondra à vos demandes les plus insolites (du moment qu'elles soient légales…).

Gastronomie

Coordonnées
Ristorante Otto
901 rue du Square-Victoria, ☎514-395-3180, www.ristoranteotto.com
métro Square-Victoria

Chic et décontracté, Otto, le huitième restaurant du groupe Primadonna et Bice, habillé de beaux tissus à rayures des murs au plafond, s'ouvre sur un espace à la structure éclairée d'un rouge éclatant où vibrent le soir venu des rythmes entraînants d'une musique riche de tous styles. La cuisine aux variations méditerranéennes, relevée d'une touche d'audace japonaise, signée d'un jeune chef discret, Nicolas D'Onofrio, aux talents sidérants, propose une carte tout en finesse et en subtilité. Le plaisir ne serait pas complet sans la découverte d'une sélection de crus italiens, français ou californiens. En deuxième partie de soirée, dégustez votre dessert décadent tout en sirotant une coupe de champagne rosée.

LE SPA EN UN CLIN D'ŒIL

Coordonnées
Spa Away au W Montréal
901 Square Victoria; ☎514-395-3160, www.whotels.com
métro Square-Victoria

Installations
5 salles de soins individuels – 1 salle de bain privée – 1 salle manucure/pédicure – 1 salle de remise en forme avec équipement.

Tarifs
Soins entre 60$ et 250$.

Environnement
Face au square Victoria. À deux pas du centre-ville et du Vieux-Montréal, au cœur de l'effervescence du Quartier international.

🔺 Spa et Hôtel Le St-James

Dans cette ancienne poudrière, on goûte au luxe du silence. Entièrement habillées de marbre d'Italie et de bois de cerisier, les salles de bain-vestiaire exclusives, dont on profite avant et après chaque soin, sont équipées d'un bain vapeur, d'un sauna et d'une douche multijets. Tout en courbes, l'unique pavillon sur deux niveaux évoque la mémoire du passé: jeux de pierres gris anthracite et de briques rouges. Ultime raffinement, la lumière ne tombe jamais du plafond mais filtre les dalles marbrées d'onyx et procure un bien-être total à la lueur des chandelles. Enchanteur.

SOINS SIGNATURE

Massage aux pierres chaudes et exfoliation aux cristaux de sel
Une fois le corps allongé sur un matelas Tempur aux largeurs hors norme, blotti sous une couette en plumes d'oie, de ses mains expertes, la thérapeute commence le soin

par un massage de la nuque. Prélude. Le vrai voyage débute par un massage aux pierres préalablement chauffées et imbibées d'un mélange d'huiles essentielles et végétales de la célèbre ligne suisse Pévonia, associé à des pressions plus accentuées le long du dos, des jambes et des pieds. La chaleur se diffuse, l'esprit s'apaise, les muscles se relâchent profondément, la circulation est réactivée, les toxines sont libérées. La peau plus souple est enfin prête à recevoir le soin exfoliant purifiant aux cristaux de sels de mer associés aux huiles essentielles de lavande, de romarin et de mandarine. Recto, verso, aucun centimètre n'est oublié, la peau est d'une douceur inouïe.

Décor ♦ ♦ ♦ ♦ 1/2

Les ✛ *Les dimensions de la table de massage ♦ Le matelas Tempur et la couette en plumes d'oie ♦ Des soins de très haute qualité ♦ Le service ultra-personnalisé puisque le spa ne peut recevoir qu'un invité ou un couple à la fois ♦ L'élégance et le raffinement du lieu ♦ Le positionnement stratégique des luminaires ♦ Les vestiaires équipés d'un bain vapeur et d'un sauna.*

Les ▬ *La situation du pavillon en sous-sol et le manque de lumière naturelle.*

AUTRES SOINS, TRAITEMENTS ET SERVICES

Massages: pierres chaudes • en couple • sous la pluie • suédois.

Soins du corps: enveloppement aux algues, café vert, chaleur du désert, *rassoul* • exfoliation aux algues Litho-Cal • masque esthébuste.

Soins du visage: masque anti-radicaux libres, effet luminosité «C & Sea», Mioxy-Caviar, Plantomer.

Masque mains et pieds Mioxy-Caviar.

Activité complémentaire: salle de remise en forme avec équipement.

HÉBERGEMENT

Coordonnées
Hôtel Le St-James
355 rue Saint-Jacques, ☎514-841-3111, www.hotellestjames.com
métro Place-d'Armes

Type
Hôtel particulier de luxe.

Membre des Leading Small Hotels of the World

Érigé en 1870 puis remanié par la Merchant Bank du Canada en 1899, l'édifice qui abrite aujourd'hui l'Hôtel Le St- James est racheté en 1999. Loin de la tendance à l'épure zen, cet hôtel, membre des Leading Small Hotels of the World, joue la carte du faste – trois ans auront été nécessaires pour parcourir le globe et chiner mobilier de style, marbre, parquets et collections d'art. Rien n'est laissé au hasard au grand bonheur des voyageurs esthètes puisque chaque chambre et suite, agencée d'une main de maître par le designer Jacques Bouchard, possède son propre esprit. Au dernier étage, un appartement exceptionnel de 325 m² auxquels il faut ajouter 140 m² de terrasse, offre une vue spectaculaire du tout Montréal. Luxe, raffinement, élégance. Moment privilégié et sacré, le classique rituel du thé à l'anglaise, une spécialité du palace, est servi chaque après-midi dans les règles de l'art. De quoi couler des jours heureux et paisibles.

GASTRONOMIE

Coordonnées
XO Le Restaurant
355 rue Saint-Jacques, ☎514-841-5000, www.xolerestaurant.com
métro Place-d'Armes

Aménagé sur l'ancien plancher de transaction, le restaurant XO, encadré de colonnes de marbre blanc et éclairé de lumière naturelle, invite à la convivialité. La cuisine du chef Éric Gonzalez sublime les saveurs du terroir et s'empreint d'une authenticité méditerranéenne. Entre les murs de l'hôtel, situé dans l'une des plus prestigieuses rues du Vieux-Montréal, flotte comme un doux et mythique parfum d'éternité.

LE SPA EN UN CLIN D'ŒIL

Coordonnées
Spa et Hôtel Le St-James
355 rue Saint-Jacques, ☎514-841-3111, www.hotellestjames.com
métro Place-d'Armes

Installations
1 pavillon – 1 douche Vichy – 2 hammams privés – 2 saunas privés – 1 salle de remise en forme avec équipement.

Tarifs
Soins entre 120$ et 240$.

Environnement
À l'angle de la rue Saint-Jacques et Saint-Pierre, au cœur du quartier historique du Vieux-Montréal. À quelques pas du Palais des congrès et du Centre de commerce mondial.

🏠 Rainspa – Hôtel Place d'Armes

Au troisième étage de l'Hôtel Place d'Armes, la porte s'ouvre sur un lieu de quiétude et de sérénité où le bleu est omniprésent. Au hammam, libérez-vous des toxines et des tensions musculaires. Entre vapeur saturée d'humidité, lumière tamisée et volutes d'eucalyptus, tout ici invite à la relaxation. Après la chaleur, rafraîchissez-vous sous une douche d'eau froide. Le soin terminé, allongez-vous dans un fauteuil moelleux de style marocain dans la salle de relaxation pour poursuivre l'invitation à la détente.

SOIN SIGNATURE

Massage à l'argile violette

Le soin a lieu dans la salle vapeur où une chaleur enveloppante, mais non étouffante, permet d'évacuer le stress avec facilité. Après de longues et profondes respirations et quelques mobilisations et étirements des jambes, du bassin et des bras. S'ensuit l'application d'argile violette, qui a l'avantage d'adoucir la peau et d'améliorer sa tonicité. L'excellente thérapeute met l'accent sur la respiration tout en pratiquant un massage suédois ponctué de points de pression le long des méridiens. Aux nombreuses vertus: renforce le système immunitaire, procure une profonde détente et rétablit la circulation des flux énergétiques afin de retrouver vitalité et équilibre.

Décor 💧💧💧

Les ╋ *La salle vapeur pour les soins 💧 Le bain vapeur tapissé de mosaïques bleues est un bon complément aux différents traitements 💧 La qualité du soin 💧 Les peignoirs, serviettes et sandales sont fournis.*

Les ━ *Le hammam traditionnel est une suite de salles en enfilades et non plusieurs espaces cloîtrés 💧 La salle de relaxation est minuscule et sombre 💧 Les salles ne sont pas parfaitement insonorisées 💧 Ni thé à la menthe, ni tisane ne sont servis en fin de séance 💧 Aucune salle de soins ne reçoit la lumière naturelle.*

AUTRES SOINS, TRAITEMENTS ET SERVICES

Traitements anticellulite – vasculyse.

Massages: beurre de pétales de roses d'Hawaii • huiles essentielles • pierres chaudes • avec ballots d'herbes thaïlandaises • douche Vichy • femmes enceintes • suédois • relaxo-thérapeutique.

Soins du corps: enveloppement à la boue du Mont-Saint-Michel, au cacao, médico-esthétique • exfoliation corporelle aux sels de la mer Morte • gommage corporel de tradition hammam • pressothérapie • VelaSmooth.

Soins du visage: Coup d'éclat, éclaircissant, personnalisé, pour homme • LED Lumilift, luminescence • microdermabrasion • photo-rajeunissement • vasculyse.

Épilation – soins des mains et des pieds.

HÉBERGEMENT

Coordonnées
Hôtel Place d'Armes
55 rue Saint-Jacques O., ☎514-842-1887, www.hotelplacedarmes.com
métro Place-d'Armes

Type:
hôtel-boutique haut de gamme.

Premier hôtel-boutique aménagé au cœur du Vieux-Montréal, l'Hôtel Place d'Armes conjugue passé architectural de trois siècles d'histoire au design contemporain. Ce chic hôtel, aux somptueux matériaux comme le marbre, les riches essences de bois, l'ardoise, le cuir, et aux spacieuses salles de bain, signature de l'établissement, offre aux voyageurs toutes les qualités d'un hôtel-boutique. Avec, en plus, des espaces réservés aux réunions et réceptions ainsi qu'une terrasse sur le toit et un élégant bar-*lounge*, la Suite 701, pour boire un verre, déguster tapas et antipasti et pourquoi pas danser.

GASTRONOMIE

Coordonnées
Aix Cuisine du terroir
711, côte de la Place-d'Armes, ☎514-904-1201, www.aixcuisine.com
métro Place-d'Armes

Au rez-de-chaussée de l'hôtel, le restaurant Aix propose une cuisine du terroir aux portions généreuses et équilibrées, avec une mention particulière pour les produits de la mer.

LE SPA EN UN CLIN D'ŒIL

Coordonnées
Rainspa
55 rue Saint-Jacques O., ☎514-282-2727, www.rainspa.ca
métro Place-d'Armes

Installations
4 salles de soins individuels – 1 salle de soins duo – 1 salle de soins Vichy – 1 salle vapeur - 1 hammam.

Tarifs
Soins entre 60$ et 295$, entrée au hammam 30$.

Environnement
À une rue de la basilique Notre-Dame, en plein cœur du Vieux-Montréal et du boulevard Saint-Laurent, à proximité du Quartier chinois.

Espace Jamu

Musique au son des gamelans, pétales de rose orangés parsemés au sol, batik (tissu traditionnel indonésien) déposé sur la table de massage, l'espace Jamu est un luxe en soi. Pratiqué à l'huile de coco parfumée d'ylang-ylang, de fleurs de frangipanier ou d'épices aux qualités chauffantes, le massage Jamu, «élixir» en langue indonésienne, associe points de compression, d'acupression aux torsions, «palper-rouler», aux longs mouvements appuyés et glissés. De la plante des pieds au sommet du crâne, tout le corps est pris en charge. Méditatif, relaxant et rythmique, ce traitement dissipe les tensions, stimule la circulation et tonifie le corps. D'autres soins sont également proposés.

Coordonnées
5413 boul. Saint-Laurent, bureau 205, ☎514-927-JAMU, www.espace-jamu.com
métro Laurier

Tarifs
Massages entre 45$ et 135$.

Lotus Palm

Dans une atmosphère paisible, l'espace Lotus Palm est le repaire bien-être dans la pure tradition thaïlandaise. Le corps confortablement allongé sur un futon, habillé de vêtements souples et confortables, le traditionnel massage yoga thaï, aux bienfaits multiples, suit les 72 000 lignes d'énergie appelées *Sen* (prononcé Chen) – l'équivalent des méridiens en médecine traditionnelle chinoise. Sur un rythme lent, mobilisations, étirements et pressions plus ou moins fortes des paumes, pouces, coudes et pieds se succèdent au cours d'un enchaînement structuré et personnalisé. Au final, la fatigue s'est envolée, les muscles dénoués, les articulations déliées et l'énergie libérée. Ateliers et formations sont également proposés.

Coordonnées
5337 boul. Saint-Laurent, bureau 240, ☎514-270-5713, www.lotuspalm.com
métro Laurier

Tarifs
Massages entre 60$ et 90$.

➔ Mann soins masculins

Au cœur du Quartier international de Montréal, dans un environnement décontracté et chaleureux, Mann est la première destination de soins «tout-en-un» exclusivement réservée aux hommes: service de barbier, soins du visage et du corps, entretien des mains et des pieds, massages musculaires ou suédois. Autre atout: la boutique présente d'inédites lignes de soins spécialement formulées pour lui.

Coordonnées
449 av. Viger O., ☎514-395-0707, www.mannmontreal.com
métro Square-Victoria

Tarifs
Soins entre 34$ et 105$.

➔ Ovarium bains flottants

Depuis mars 2000, l'ancienne banque Laurentienne, rue Beaubien, abrite une adresse sans tensions à la décoration sobre. L'expérience commence par un «son et lumières» pour le moins surprenant, le Pulsar. Le corps allongé confortablement, des lunettes munies d'iodes électroluminescentes (DEL) sur le nez et d'écouteurs aux oreilles, les repères habituels s'effacent. Après cette profonde relaxation, entre veille et sommeil d'environ 30 min, on se laisse flotter dans le fameux caisson sensoriel, aux courbes spatiales, rempli d'eau maintenue à 35°, saturée de 575 kg de sel (moitié-moitié!) sur fond de musique océane. Effet mer Morte assuré. Une expérience unique aux bienfaits multiples contre l'insomnie, le stress et les effets du décalage horaire. En fin de séance, ne négligez pas une bonne douche.

Coordonnées
400 rue Beaubien E., ☎514-271-7515, www.ovarium.com
métro Beaubien

Tarifs
Soins entre 20$ et 72$.

➡ Spa du cheveu

Installé au deuxième étage d'un édifice de l'île des Sœurs, cet espace exclusivement consacré aux cheveux est le cadre idéal pour apprécier autant les soins classiques (coupe, coloration, etc.) que les traitements et massages capillaires de la marque française Leonor Greyl. Des produits à base de plantes qui réparent et embellissent nos crinières souvent malmenées par la vie moderne. Une véritable remise en forme de la racine à la pointe. Nos cheveux ne méritent-ils pas autant d'attention que notre corps? Le lieu abrite également des cabines de soins.

Coordonnées
Spa Eastman Île des Sœurs, 7 place du Commerce, ☎514-766-4000
www.spa-eastman.com

➡ Studio Bliss

À la suite d'une enfilade d'escaliers, un espace de repos à l'atmosphère sobre et chaleureuse vous accueille. Le massage Bliss, exclusivité du lieu, permet à l'esprit et au corps une évasion totale. Allongé sur une table recouverte d'un matelas Tempur pour un confort inégalé, au son des tambours, le corps enduit d'huile d'abricot parfumée au gingembre, de longs effleurements, bercements, étirements et mobilisations rythmiques – faits avec les paumes, les avant-bras de la thérapeute – se mêlent et s'enchaînent, agissant sur le corps en trois dimensions. Des pieds à la nuque, rien n'est oublié. Fluide et enveloppant, ce massage personnalisé vous transporte toutes perceptions en éveil.

Pour une approche plus globale du bien-être, des cours de Pilates et de yoga sont proposés au troisième étage, avec en prime de la lumière naturelle.

Coordonnées
3841 boul. Saint-Laurent, ☎514-286-0007, www.studiobliss.ca
métro Saint-Laurent ou métro Sherbrooke

Tarifs
Soins entre 67$ et 129$.

➔ YUL Spa

Dans une ambiance très «cocooning», niché au cœur de l'aéroport, ce spa vous accueille à la porte 51, pour des soins express: massage, pédicure, manucure. En un minimum de temps, vous retrouvez une forme olympique, prêt à l'embarquement.

Coordonnées
aéroport international Pierre-Elliott-Trudeau, porte 51
Les services de massage sur chaise sont proposés aux portes 8, 47, 51, 53, 54, 74.
☎514-633-5766, www.yulspa.com

Tarifs
Soins entre 30$ et 70$.

Activités de plein air dans la région

Canot, kayak de mer et en eaux vives, rabaska

Aventure H2O
canal de Lachine

☎ 514-842-1306, www.h2oadventures.com

Cours et expéditions pour niveaux débutant et intermédiaire. Une expérience de plaisirs et d'aventures inoubliables.

Escalade

Centre d'Escalade Horizon Roc
2350 rue Dickson

☎ 514-899-5000, www.horizonroc.com

Avec plus de 2 600 m² de surface grimpable et 12 m de hauteur, Horizon Roc est l'un des plus grands centres d'escalade au monde. Curieux, passionnés, seuls ou avec bébés, profitez en toute saison de ses parois.

Kayak de mer

Amikayak
110 rue de Venise, Sainte-Rose, Laval

☎ 514-235-2262, www.amikayak.com

Interprétation, évasion, dépaysement, quel que soit votre niveau, laissez-vous guider en journée et en soirée au cœur du refuge faunique de la rivière des Mille Îles.

Randonnée pédestre – raquette – ski de fond

Parc du Mont-Royal
1260 chemin Remembrance

☎ 514-843-8240, www.lemontroyal.qc.ca

Joyau du patrimoine montréalais, le mont Royal offre le plus beau sentier de ski de fond au sommet de la ville.

Patin à glace

Patinoire du lac aux Castors
Parc du Mont-Royal, 1260 chemin Remembrance

☎ 514-843-8240, www.lemontroyal.qc.ca

Quais du Vieux-Port de Montréal
☎ 514-496-PORT, www.quaisduvieuxport.com

Parc La Fontaine
☎ 514-872-3947

Un grand classique pour vivre l'hiver autrement.

Rafting

Les descentes sur le Saint-Laurent
☎ 514-767-2230, www.raftingmontreal.com

Sur les célèbres rapides de Lachine, à quelques minutes du centre-ville, une aventure découverte pour tous vous attend.

Vélo – guide et location

GuidaTour
477 rue Saint-François-Xavier, bureau 300

☎ 514-844-4021, www.guidatour.qc.ca

En compagnie d'un guide professionnel, découvrez les grands attraits mais aussi les coins les plus intimes de Montréal. Poursuivez la balade à votre rythme. Location valable pour la journée.

Vélo de randonnée – patin à roues alignées

Parc du Mont-Royal
1260 chemin Remembrance

☎ 514-843-8240, www.lemontroyal.qc.ca

Pistes cyclables du Pôle des Rapides
Piste du canal de Lachine
Route verte

Montréal saura combler tous vos sens avec ses itinéraires libres pour âmes contemplatives. Enivrez-vous d'air pur. Au retour, un en-cas bien mérité au café de la Maison des cyclistes (1251 rue Rachel E.), face au parc La Fontaine.

Voile

Voile Lachine
École de voile de Lachine, cours et location
☎ 514-634-4326, www.voilelachine.com
Débutant ou expérimenté, adepte de la planche à voile, de dériveur ou de catamaran, le lac Saint-Louis vous émerveillera.

ÉPICERIES BIOS

Bio Terre
201 av. Saint-Viateur O.
☎ 514-278-3377

Club Organic
4341 rue Frontenac
☎ 514-523-0223

Épicerie Alfalfa
7070 Henri-Julien (marché Jean-Talon)
☎ 514-272-0683

L'Épicier Vraiment Vert
4627 avenue Wilson
☎ 514-486-2247, www.therealgreengrocer.com
Épicerie et livraison d'aliments exclusivement biologiques.

Les Marchés d'Aliments Naturels Tau
4238 rue Saint-Denis
☎ 514-843-4420

Mission Santé Thuy
1138 rue Bernard O.
☎ 514-272-9386

Pousse l'Ananas
6346 rue Saint-Hubert
☎ 514-270-6873, www.pousselananas.com

Rachelle-Béry Épiceries Santé
505 rue Rachel E.
☎ 514-524-0725
4810 boul. Saint-Laurent
☎ 514-849-4118
2510 rue Beaubien E.
☎ 514-727-2327
www.rachellebery.ca

Tournesol Aliments Naturels et Biologiques
1251 rue Beaubien E.
☎ 514-274-3629

ÉPICERIES FINES DU TERROIR ET BOULANGERIES ARTISANALES

Le Marché des Saveurs du Québec
280 place du marché Nord (marché Jean-Talon)
☎ 514-271-3811, wwww.lemarchedessaveurs.com

Les douceurs du Marché
138 av. Atwater (marché Atwater)
☎ 514-939-3902

Olive + Gourmando
351 rue St Paul O.
☎ 514-350-1083, www.oliveetgourmando.com
Pains bios, viennoiseries et autres créations: salades, paninis, etc.

Spice Safar
77 rue Shamrok (marché Jean-Talon)
☎ 514-279-0444
407 rue McGill
☎ 514-315-6632
www.spicesafar.com
Café-resto-boutique: pains bios, viennoiseries et autres créations.

Salons de thé

L'Orienthé
4511 rue Saint-Denis
☎ 514-995-6533
Lounge, thé et narguilé.

Maison de thé Camellia Sinensis
351 rue Emery
☎ 514-286-4004
7070 rue Henri-Julien (marché Jean-Talon)
☎ 514-271-4002
www.camellia-sinensis.com

Seva-Resource
120 rue Laurier O. et 5244 rue Saint-Urbain
☎ 514-274-7288, www.sevaresource.com
Librairie, salon de thé, massages, lecture des lignes de la main, soins bios pour la peau, cours et ateliers.

Restaurants gourmands: végé, bio et cie

Aux Vivres
4631 boul. Saint-Laurent
☎ 514-842-3479
Restaurant végétalien.

ChuChaï express
4088 rue Saint-Denis
☎ 514-843-4194
Thaïlandais végétalien.

La faim du monde
4110 rue Saint-Denis
☎ 514-510-4244, www.faimdumonde.ca
Restaurant végétarien et végétalien.

Nonya
151 rue Bernard O.
☎ 514-875-9998
Cuisine gastronomique indonésienne.

Viva Laurier
110 rue Laurier O.
☎ 514-272-3535
Restaurant pour une alimentation vivante, biologique et végétalienne.

Juni
156 rue Laurier O.
☎ 514-276-5864
Cuisine japonaise raffinée.

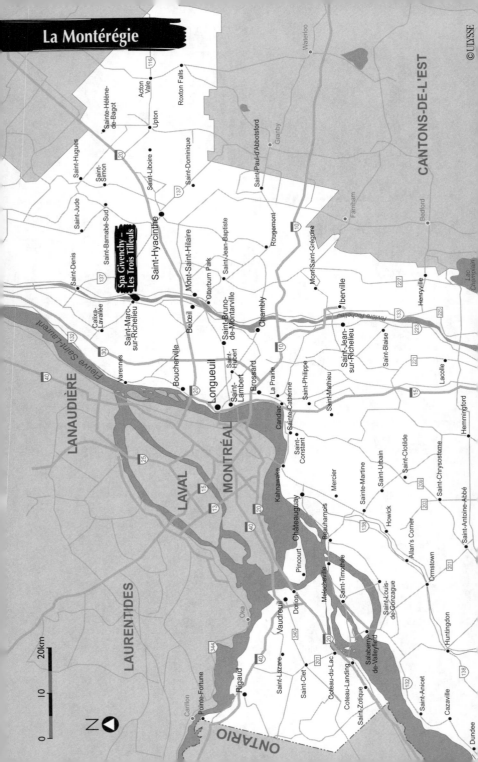

La Montérégie

©ULYSSE

CANTONS-DE-L'EST

Waterloo

Granby

Bedford

Lac Champlain

Roxton Falls

Acton Vale

Upton

Sainte-Hélène-de-Bagot

Saint-Hugues

Saint-Simon

Saint-Liboire

Saint-Dominique

Saint-Paul-d'Abbotsford

Farnham

Saint-Jude

Saint-Barnabé-Sud

Saint-Hyacinthe

Mont-Saint-Hilaire

Otterburn Park

Saint-Jean-Baptiste

Rougemont

Mont-Saint-Grégoire

Henryville

Saint-Denis

Spa Givenchy – Les Trois Tilleuls

Calixa-Lavallée

Saint-Marc-sur-Richelieu

Beloeil

Saint-Bruno-de-Montarville

Chambly

Iberville

Saint-Jean-sur-Richelieu

Saint-Blaise

Lacolle

Hemmingford

Fleuve Saint-Laurent

Rivière Richelieu

Varennes

Boucherville

Longueuil

Saint-Hubert

Brossard

Saint-Lambert

La Prairie

Saint-Philippe

Saint-Mathieu

LANAUDIÈRE

LAVAL

MONTRÉAL

ONTARIO

Candiac

Sainte-Catherine

Saint-Constant

Kahnawake

Châteauguay

Mercier

Sainte-Martine

Saint-Urbain

Saint-Clotilde

Saint-Chrysostome

Saint-Antoine-Abbé

Howick

Allan's Corner

Ormstown

Oka

Pincourt

Beauharnois

Vaudreuil

Dorion

Melocheville

Saint-Timothée

Saint-Louis-de-Gonzague

Huntingdon

LAURENTIDES

Carillon

Pointe-Fortune

Rigaud

Saint-Lazare

Saint-Clet

Coteau-du-Lac

Coteau-Landing

Saint-Zotique

Salaberry-de-Valleyfield

Saint-Anicet

Cazaville

Dundee

N

20km

10

0

116

20

137

137

132

30

20

20

10

10

227

225

133

223

221

15

201

209

201

138

340

201

40

40

25

15

13

40

20

344

132

la Montérégie

En bordure du fleuve Saint-Laurent, traversée par la rivière Richelieu et soulignée de vallées et de monts, la Montérégie doit son origine aux montagnes de basse altitude qui émergent de vastes plaines agricoles, communément appelées «montérégiennes». Située au sud-est de Montréal, elle demeure la destination par excellence pour la randonnée à vélo ainsi que la troisième région en importance au Québec pour le nombre de sites historiques, de musées et de centres d'interprétation. Partez à la découverte de l'histoire le long des routes et sentiers pittoresques qui traversent les vallées, longent la rivière et regorgent d'un éventail de tables gourmandes et de spécialités champêtres. Pour compléter votre virée, rendez-vous au théâtre de la Dame de Cœur, à Upton. Offrez-vous une soirée poétique et féerique mettant en scène différents médiums, notamment des marionnettes géantes. Ce spectacle fantastique et grandiose est présenté en plein air avec sièges pivotants permettant de suivre l'action sur 360°. Beau temps, mauvais temps, l'immense toiture garantit la représentation, et les bretelles chauffantes gardent le spectateur au chaud.

♠ Spa Givenchy – Les Trois Tilleuls

Emmailloté dans un peignoir blanc, vous descendez l'escalier majestueux menant à l'accueil qui fait également office de salon. Fauteuils en rotin, fenêtres cathédrales, cabines de soins entièrement ouvertes sur la rivière Richelieu, ce sanctuaire de bien-être signé Givenchy, unique en Amérique du Nord, baigné de lumière naturelle, est particulièrement apprécié pour son espace.

SOINS SIGNATURE

No Complex

Selon un protocole exclusif, ce soin du corps cible les zones des cuisses, des fesses, du ventre et du décolleté. La thérapeute combine des manœuvres de palper-rouler aux textures légères et fraîches de quatre produits spécifiques dont le but est de raffermir les tissus, stimuler la microcirculation, drainer les toxines et atténuer l'effet peau d'orange grâce à différents extraits dont celui du shiitaké, ce champignon chinois qui agit sur le maintien, la fermeté et l'élasticité de la peau.

Massage Lomi-lomi

Inspiré des maîtres guérisseurs d'Hawaii et repensé par Givenchy, ce massage, au rythme des percussions, débute par une application d'huile aux odeurs de Tiaré. Il est suivi d'un massage aux mouvements amples pour préparer le corps aux pressions plus profondes, durant lequel la thérapeute utilise principalement les avant-bras et les coudes afin d'harmoniser les flux d'énergie. À la fois fluide, rythmé et profond, ce soin permet une détente musculaire et mentale sans pareille.

Décor ♦♦♦

Les ╋   *Les salles de soins spacieuses ♦ L'accueil distingué ♦ La lumière naturelle qui immerge le spa et la vue sur la nature environnante ♦ Quel que soit la thérapeute ou le Spa Givenchy visité autour du monde, la procédure sera toujours exercée de la même manière ♦ Le déjeuner léger et raffiné au spa.*

Le ▬   *En fin de séance, vous serez invité à poursuivre votre repos en sirotant une infusion dans ce vaste espace qui fait également office d'accueil; cependant, le lieu au décor classique est d'un calme olympien.*

AUTRES SOINS, TRAITEMENTS ET SERVICES

Massages: amincissant • aromatique • drainage lymphatique • réflexologie plantaire • relaxant • sportif • suédois • the Canyon Love Stone Therapy • Ylang-Ylang à quatre mains.

Soins du corps: bain aux huiles spécifiques Givenchy • enveloppement aux algues, hydratant, phytothérapique • peeling • pressothérapie • soin exclusif Givenchy.

Soins du visage: fermeté Plastisculpt • fondamental • Lymphatic visage • No Surgetics • préparateur • relaxant.

Beauté des mains et des pieds • manucure française • maquillage.

Autres services: location de salles équipées pour réunions corporatives.

HÉBERGEMENT – GASTRONOMIE

Coordonnées
Les Trois Tilleuls, 290 rue Richelieu, Saint-Marc-sur-Richelieu; route 223 N.;
☎514-866-7787, www.lestroistilleuls.com

Type
Hôtel luxueux.

Membre Relais & Châteaux

Idéalement situé le long de la rivière Richelieu, l'hôtel Les Trois Tilleuls, membre de la prestigieuse association des Relais & Châteaux depuis 1983, a su conserver son élégance sans renoncer au confort moderne. La décoration des chambres rappelle un peu l'esprit de la Belle Époque, sans la rondeur des coupoles: omniprésence du verre, draperies fleuries et tapisseries pastel. Entre le restaurant et le Spa Givenchy, un espace communicant fait office de galerie d'art où sont exposées différentes peintures d'artistes d'ici et d'ailleurs. Dans la salle à manger, la même attention témoigne de ce souci d'excellence. Vous y découvrirez une cuisine gastronomique, davantage axée sur l'huile d'olive qui sublime à merveille les produits du terroir. Sans oublier la cave exceptionnelle qui compte plus de 900 appellations différentes.

À noter que l'hôtel dispose d'une chapelle, de trois salles de réception ainsi que de six salles de réunion.

LE SPA EN UN CLIN D'ŒIL

Coordonnées
Spa Givenchy
290 rue Richelieu, Saint-Marc-sur-Richelieu; route 223 N.; ☎514-866-7787
www.lestroistilleuls.com

Installations
9 salles de soins individuels – 2 salles pédicure/manucure – 1 piscine intérieure chauffée et traitée au sel de mer – 2 saunas – 1 centre de remise en forme.

Tarifs
Soins entre 65$ et 195$.

Environnement
À 30 min de Montréal, en pleine campagne, sur les berges de la rivière Richelieu, à environ 10 min du mont Saint-Hilaire.

ACTIVITÉS DE PLEIN AIR DANS LA RÉGION

Canot rabaska – kayak de mer – randonnée pédestre – raquette – ski nordique – vélo

Parc national des Îles-de-Boucherville
55 Île Sainte-Marguerite, Boucherville
☎ 450-928-5088, www.sepaq.com
Au beau milieu du fleuve Saint-Laurent, à quelques kilomètres du centre-ville de Montréal, cet îlot de verdure offre espaces verts, chenaux grouillants et sentiers en bordure de l'eau.

Équitation

Centre de location chez France
1800 rang de la Rivière Nord, Saint-Jean-Baptiste
☎ 450-464-1569
Pour randonnées en montagne.

Parcours d'aventure en forêt

Arbraska
45 C chemin du Sous-Bois, Mont-Saint-Grégoire
☎ 450-358-8999, www.arbraska.com
Pour les petits et les grands, pour vivre un moment unique d'activités dans les arbres.

Randonnée pédestre – raquette – ski de fond

Centre de la Nature du Mont-Saint-Hilaire
422 chemin des Moulins, Mont-Saint-Hilaire
☎ 450-467-1755, www.centrenature.qc.ca
Désigné Réserve canadienne de la biosphère par l'UNESCO en 1978, le mont Saint-Hilaire, peu perturbé par l'activité humaine, est d'une beauté naturelle d'exception (faune et flore) mais également très riche sur les plans géologique et historique.

Randonnée pédestre – vélo

Parc régional de Beauharnois-Salaberry
☎ 450-225-0870, www.mrc-beauharnois-salaberry.com
Dans un cadre enchanteur, près de 50 km de pistes longent les berges du canal de Beauharnois.

ÉPICERIES BIOS

L'Eau Vive
250 rue Georges, Mont-Saint-Hilaire
☎ 450-464-5767

Panier Santé
22 place du Marché, Saint-Jean-sur-Richelieu
☎ 450-347-3122

ÉPICERIES FINES DU TERROIR

Fromagerie Au Gré des Champs
400 rang Saint-Édouard, Saint-Jean-sur-Richelieu
☎ 450-346-8732, www.augredeschamps.com
Produits du terroir et fromages au lait cru, certifiés biologiques.

Général Upton
305 rue Principale, Upton
☎ 450-549-6333, www.generalupton.com

L'épicerie des Halles
145 rue Saint-Joseph, Saint-Jean-sur-Richelieu
☎ 450-348-6100

Lait Récoltes de Valérie
416 boul. Sir-Wilfrid-Laurier, Mont-Saint-Hilaire
☎ 450-536-5355

SALON DE THÉ

La Cabosse d'Or
973 chemin Ozias-Leduc, Otterburn Park
☎ 450-464-6937, www.lacabossedor.com
Chocolaterie, salon de thé.

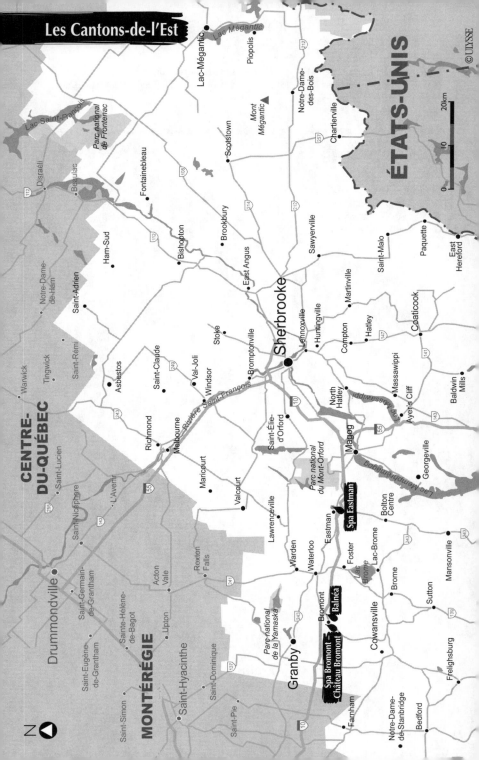

Les Cantons-de-l'Est

ÉTATS-UNIS

©ULYSSE

20km

10

0

CENTRE-DU-QUÉBEC

MONTÉRÉGIE

Lac Mégantic
Lac-Mégantic
Piopolis
Notre-Dame-des-Bois
Mont Mégantic
Charlierville
Scotstown
Brookbury
Sawyerville
Saint-Malo
Paquette
East Hereford
Bishopton
East Angus
Martinville
Coaticook
Ham-Sud
Fontainebleau
Stoke
Huntingville
Compton
Hatley
Baldwin Mills
Notre-Dame-de-Ham
Saint-Adrien
Bromptonville
Sherbrooke
Lennoxville
Saint-Rémi
Saint-Claude
Val-Joli
Windsor
North Hatley
Massawippi
Ayer's Cliff
Warwick
Tingwick
Asbestos
Rivière Saint-François
Saint-Élie-d'Orford
Lac Memphrémagog
Georgeville
Saint-Lucien
Richmond
Melbourne
Parc national du Mont-Orford
Magog
Saint-Niciphore
L'Avenir
Maricourt
Valcourt
Lawrenceville
Bolton Centre
Saint-Germain-de-Grantham
Saint-Eugène-de-Grantham
Sainte-Hélène-de-Bagot
Acton Vale
Roxton Falls
Warden
Waterloo
Eastman
Spa Eastman
Foster
Lac-Brome
Lac Brome
Brome
Mansonville
Drummondville
Upton
Parc national de la Yamaska
Balnéa
Bromont
Brome
Sutton
Saint-Simon
Saint-Hyacinthe
Saint-Dominique
Granby
Spa Bromont
Château Bromont
Cowansville
Frelighsburg
Saint-Pie
Farnham
Notre-Dame-de-Stanbridge
Bedford

Parc national de Frontenac
Lac Saint-François
Disraëli
Beaulac

N

les Cantons-de-l'Est

Située à la frontière de trois États américains, soit le Maine, le New Hampshire et le Vermont, la région de l'Estrie – plus communément appelée «les Cantons-de-l'Est», traduction de *Eastern Townships*, nom donné par les loyalistes anglais, écossais et irlandais pour la désigner – témoigne des vestiges du passé comme les granges rondes, les ponts couverts, sans oublier le charme d'inspiration anglo-saxonne des propriétés et édifices. Pour découvrir des villages bucoliques, qui font partie pour la plupart des plus beaux villages du Québec, empruntez le circuit patrimonial, la Route des vins ou celle des vergers pour des randonnées à pied ou à vélo. Des escapades hors des sentiers battus où il fait bon se ressourcer. Prenez le temps de faire une pause pour saisir des moments enchanteurs en photo ou évadez-vous au cœur des mots lors des Correspondances d'Eastman, où chacun est invité à écrire des lettres qui seront ensuite envoyées à travers le monde. Un événement unique en Amérique du Nord qui se déroule durant quelques jours en été.

〰 Balnéa

À peine franchi le seuil de la porte, votre regard est tout de suite attiré par le jeu des perspectives, la pureté des lignes rehaussées de couleurs éclatantes comme le turquoise ou l'indigo, les œuvres subtiles et sensuelles signées Lysanne Pépin. Surplombant le majestueux lac Gale, cerné par une végétation luxuriante, Balnéa cultive l'art de la détente avec volupté et raffinement. Çà et là s'étendant des terrasses à ciel ouvert où il fait bon somnoler entre bains chauds et froids.

Grand Prix de Design Créativité-Montréal, 2006

SOIN SIGNATURE

La Cérémonie maya

Un paréo noué autour de la taille, les yeux dissimulés sous un foulard de mousseline, le moment est venu de vivre une expérience sensorielle unique, hors du temps (les éternels insatisfaits et les voyageurs dans l'âme seront comblés). Pour stimuler les sens, la cérémonie débute par une dégustation de chocolat noir au sons du didjeridoo (bien que cet instrument ne soit pas maya, mais aborigène du nord de l'Australie...). L'enchantement se poursuit par le soin des pieds (bain et exfoliation à base de moût de raisin blanc). Après ces premières étapes si délicieuses, le corps est recouvert au pinceau d'une mousse au chocolat noir et épices aux parfums envoûtants qui ont pour effet de tonifier, d'adoucir et d'hydrater le grain de la peau. Pendant que le masque corporel fait son effet, la thérapeute ne vous abandonne pas. La Cérémonie maya se poursuit par un massage du cuir chevelu suivi d'une pluie fine de gouttes chocolatées sur le corps. Après une vingtaine de minutes, des serviettes chaudes et épaisses sont appliquées sur le corps afin d'éliminer en douceur l'excédent du masque corporel.

Pour compléter ce divin voyage des sens, une deuxième thérapeute entre en scène, sur la pointe des pieds. Le corps et l'esprit s'abandonnent au rythme d'une musique d'ailleurs, aux gestes à la fois apaisants et réparateurs des deux thérapeutes. Mélange harmonieux d'influences thaïe, indienne, hawaiienne, le massage signature Balnéa, à l'huile de pépins de raisins et chocolat, associe pressions profondes, étirements, mobilisations et balancements. Pas un centimètre de peau ne leur échappe. Cette agréable langueur se poursuit dans le salon de détente privé, avec une dégustation de fruits frais et chocolat.

Le temps ne semble plus avoir d'importance. Vous vous sentez serein, ancré, le corps délié. À goûter absolument.

Décor ♦♦♦♦

Les ✚ Une équipe discrète et à l'écoute ♦ Le sens du cérémonial et la qualité des soins ♦ L'expérience unique du massage à la dérive sur le lac qui se termine par une dégustation de fruits frais, chocolat et vin mousseux ♦ L'agencement des espaces assure un sentiment de liberté, d'intimité et de repos ♦ Les salles de soins sont bien insonorisées ♦ La vue panoramique sur le lac Gale ♦ Les planchers intérieurs tout comme les dalles extérieures sont chauffés pour notre confort et notre sécurité ♦ Le sweat lodge aux parfums de sauge, romarin et ylang-ylang ♦ Le café Slow Food encourage les produits régionaux et propose des plats légers, nutritifs et biologiques qui ravissent les papilles ♦ Les bouquins d'art et d'architecture posés ici et là ♦ Les séances de yoga offertes sous la hutte ou sur la terrasse ♦ L'accès au lac pour la baignade ♦ Les peignoirs, serviettes et bouteilles d'eau sont inclus.

Le ─ Toutes les salles de soins ne sont pas nimbées de lumière naturelle.

AUTRES SOINS, TRAITEMENTS ET SERVICES

Massages: Abhyanga • californien • minceur • shiatsu • Shirodhara • Stone thérapie feu et glace • suédois • thaï yoga.

Soins du corps: algothérapie raffermissante enrichie de raisin et huiles essentielles, au beurre de karité, oméga-3, rose et noix de coco • enveloppement à la boue thermale et au raisin blanc • exfoliation antioxydante à la pâte de riz et café, au moût de raisin du Chianti et au miel de lavande, savoureuse Jivana au Gotu Kola et à la noisette, stimulante à l'oméga-3 et graines de lin, vitalisante aux sels de mer et huiles essentielles d'agrumes • fangothérapie revitalisante à la boue de tourbe et huiles essentielles, multivitaminé et cicatrisant à l'aloès et feuilles d'olivier.

Soins du visage: coup d'éclat «liftant» pour peaux matures • essence de l'Ayurvéda • équilibrant du *dosha* aux pierres thermales • luminescent et antioxydant au nectar de Chardonnay • normalisant à effet «liftant» à la mousse de chocolat au lait et au sérum de tiramisu • vital pour homme.

Activités complémentaires: sur réservation, des cours de yoga privé ou semi-privé, activités et ateliers (Pilates, randonnée, leçon d'équitation, atelier de nutrition, programme d'entraînement personnalisé). Les programmes de plusieurs sessions (cure minceur, équilibre postural, le grand cavalier).

Autres services: cartes de membre (individuelle, couples, corporatifs) • forfaits travail-détente: location de salles multimédias pour réunions corporatives • le Spa Balnéa est disponible les soirées ou les mardis et mercredis pour les événements corporatifs, privés, séances de photo ou tournages.

Le spa en un clin d'œil

Coordonnées
Balnéa
319 chemin Lac Gale, Bromont; autoroute 10 E., sortie 78;
☎866-734-2110, www.balnea.ca. Ouvert du jeudi au lundi.

Installations
2 bains à remous extérieurs – 1 baril en cèdre d'eau froide – 1 bassin intérieur d'eau de source froide – 1 bassin d'eau froide extérieur et sa chute – 1 bassin naturel – 1 lac – 1 quai d'environ 40 m pour la baignade – 1 bain vapeur – 3 saunas finlandais dont 1 situé au bord de l'eau – 1 *sweat lodge* – 1 feu extérieur – aires de détente intérieures et terrasses extérieures – 10 salles de soins individuels – 6 salles de soins duo – 1 salle de balnéothérapie – 4 huttes extérieures pour soins et séances de yoga (saison estivale) – 1 café Slow Food – 2 salles de conférences équipées.

Projet
Pour des séjours totalement dépaysants, une auberge-boutique sera érigée en pleine nature d'ci la fin 2008.

Tarifs
Expérience thermique: 49$ les fins de semaine, jours fériés et congés estivals – 45$ en semaine en basse saison – 35$ en semaine après 17h ou lorsque combiné avec un soin; soins entre 55$ et 210$.

Environnement
Au détour du chemin du Lac Gale, prenez la route de gravier et de sable qui mène au domaine de 16 ha. Vous êtes loin du bruit, immergé en pleine nature (22 km de sentiers pédestres) avec cette vue idyllique sur le lac Gale et les Appalaches. À 4 km du Centre équestre de Bromont.

Spa Bromont – Château Bromont

Au pied des pistes et des remontées mécaniques en hiver ou des sentiers pédestres en été, le Spa Bromont vous offre air pur et détente. Habillé de bois aux essences de noyer, d'un simili-tadelakt oriental aux tons monochromes de terre rehaussé d'appliques plus colorées, le décor reste toutefois sobre.

Soin signature

Massage à l'huile d'olive

Outre ses qualités diététiques et ses vertus médicinales, depuis des millénaires, l'huile d'olive est également très prisée des femmes pour leurs rituels de beauté. Riche en vitamines A et E, directement importé d'Italie, ce fluide très nourrissant améliore l'élasticité de la peau, soulage les douleurs musculaires et articulaires. La peau retrouve éclat, douceur et fermeté. Comme le dit si bien le vieil adage: l'huile d'olive fait fuir tous les maux. Selon vos envies, le thérapeute effectue un massage personnalisé pour un moment de détente grandement apprécié.

Décor ◢◢◢

Les ╈ *La plupart des salles de soins sont baignées de lumière naturelle ◢ Les massages parents-enfants.*

Les ▬ *Le hammam: un hammam traditionnel comprend différentes pièces à chaleur progressive et aucun sauna; celui du Spa Bromont manque d'authenticité et de raffinement: aucune salle de vapeur tiède ni salle de soins, aucune mosaïque orientale, ni vapeur d'eucalyptus ◢ Le sauna à l'intérieur du hammam ◢ La décoration uniforme du spa.*

AUTRES SOINS, TRAITEMENTS ET SERVICES

Massages: à quatre mains • sous la pluie • suédois.

Soins du corps: bain thermomasseur au lait de chèvre • enveloppement à l'argile, à la boue de tourbière, aux algues ou au cacao • exfoliation aux sels de la mer Morte • pressothérapie • soin du dos.

Soin du visage: classique.

Soins des mains et des pieds • traitement des mains à la paraffine • traitement du cuir chevelu.

Services complémentaires: fauteuil vibromasseur • lit Vibrosaun • matelas japonais.

HÉBERGEMENT – GASTRONOMIE

Coordonnées
Château Bromont
90 rue de Stanstead, Bromont; autoroute 10, sortie 78; ☎800-304-3433
www.chateaubromont.com

Aménagées à l'étage supérieur du Pavillon des sens, les quelque 12 chambres spacieuses, aux multiples oreillers couleurs lime et corail, réservées à la clientèle du spa, offrent une vue imprenable sur la montagne ou le golf. Accompagné du murmure des chutes, un massage peut être proposé dans la salle de soins attenante aux chambres. Sauf que l'insonorisation est déficiente: on entend musique et voix. Un plus: il y a un bac de recyclage dans chaque chambre.

On regrette l'absence de liaison entre le spa et le restaurant du Château Bromont, où la cuisine manque de saveurs et de raffinement. Prenez plutôt la clé des champs et humez les arômes délicats d'un menu composé de produits du terroir rehaussés de subtiles saveurs du monde au restaurant Les Figues *(616 rue Shefford, Bromont;* ☎*450-534-3213, www.lesfigues.ca).*

LE SPA EN UN CLIN D'ŒIL

Coordonnées
Spa Bromont
90 rue de Stanstead, Bromont; autoroute 10 E., sortie 78; ☎800-567-7727
www.spabromont.com

Installations
17 salles de soins individuels – 4 salles de soins duo – 1 salle de soins sous la pluie – 5 salles de balnéothérapie avec chromothérapie – 2 salles pédicure/manucure – 1 salle de traitement à la paraffine – 1 lit Vibrosaun – 1 hammam – 1 sauna – 1 chute nordique – 1 bain à remous extérieur – 1 bar à eaux et jus de fruits fraîchement pressés.

Tarifs
Entrée au hammam: 30$; soins entre 55$ et 255$.

Environnement
Entre monts et vallées, au pied de la montagne, en bordure du golf, au sein du domaine hôtelier du Château Bromont.

Spa Eastman

Membre du prestigieux groupe Destination Spas au même titre que le Rancho La Puerta au Nouveau-Mexique ou le Chiva Som en Thaïlande, le Spa Eastman est un lieu de paix et de ressourcement basé sur la santé, la forme et le bien-être. Dans un décor chaleureux où le bois est omniprésent, vous aurez l'impression que le temps s'est arrêté pour votre plus grand plaisir.

Membre Destination Spas

Membre Spas Relais Santé Certifiés

SOINS SIGNATURE

Miracle du dos

Une pâte d'argile, gorgée d'oligo-éléments, est appliquée sur l'ensemble du dos. Progressivement, la chaleur se diffuse et libère des actifs marins dont le but est de diminuer l'inflammation, les douleurs dorsales et d'absorber les impuretés. Pendant le temps de pause du cataplasme, le massage, associant pressions glissées avec l'avant-bras, mouvements circulaires, foulage et pétrissage, débute par les jambes puis les pieds et se termine par des manœuvres de profonde relaxation qui libèrent les tensions du dos, des épaules et de la nuque, pour laisser place à un état de délassement optimal.

Traitement capillaire au Spa du cheveu

En 2006, le Spa Eastman ouvre un espace inédit et intime, le Spa du cheveu, dédié à la santé et à la beauté du cheveu. Le traitement débute par une analyse du cuir chevelu et de la fibre capillaire à l'aide d'un trichoscope (microscope spécialisé qui grossit 200 fois). Une fois le diagnostic établi, la spécialiste applique des produits spécifiques à base de plantes selon un protocole précis: massage crânien à base d'huiles essentielles pour aider à éliminer les accumulations d'impuretés et de sébum, à réactiver la circulation sanguine et à relaxer; application d'un masque pour nourrir les cheveux en profondeur et rinçage. Le cheveu est ainsi purifié, souple et brillant, car ce traitement en améliore la qualité en profondeur.

Décor ◢◢◢

Les ✛ *Les salles de bain connexes au salles de traitement ◢ L'accès libre au bain vapeur, aux piscines intérieure et extérieure ◢ La cure tonique et uvale ◢ Les consultations en naturopathie et en entraînement sportif ◢ Les ateliers à thèmes et les activités de mise en forme offertes gratuitement tout au long de la journée ◢ Les 15 km de sentiers pédestres au sein du domaine.*

Les ─ *L'odeur de bois humide à l'intérieur du bain vapeur ◢ Habituellement, l'huile essentielle d'eucalyptus, élément clé du bain vapeur, est intégrée au système mécanique; au Spa Eastman, cette essence doit être vaporisée (attention aux excès) ◢ Les produits capillaires ne sont pas 100% exempts de conservateurs ◢ La cuisine du restaurant manque de raffinement.*

AUTRES SOINS, TRAITEMENTS ET SERVICES

Massages: à jets • aqua-Massage Mouvance • californien • drainage lymphatique • néo-réchien • quatuor Eastman • réflexologie • sous la pluie • Stone massage • suédois • sportif • Trager • Watsu.

Soins du corps: bain thérapeutique • enveloppement • exfoliation • pressothérapie.

Soin du visage: classique.

Épilation • miracle minéral pour les mains et les pieds • soins des mains et des pieds.

Cures: de raisin • tonique.

Services complémentaires: bilan de santé • accompagnement individuel • entraînement personnalisé • évaluation des capacités physiques • programme de remise en forme • psychothérapie.

HÉBERGEMENT — GASTRONOMIE

Pour une parfaite tranquillité d'esprit, les chambres ne possèdent ni téléphone ou téléviseur (mais du papier hygiénique 100% recyclé, sans chlore). Tel un petit village, les différents pavillons sont disséminés ici et là dans le domaine. Avec leur décor simple et de bon goût, confortables et paisibles, ils invitent à la détente, à la rêverie et à l'introspection. Selon votre «retraite» du moment, peut-être serez-vous tenté de vivre l'expérience de L'ermitage, une cabane reculée en pleine forêt, équipée d'un poêle à bois et de toilettes sèches, sans eau courante ni électricité.

Dès 17h, à l'heure de l'apéritif, dégustez une décoction d'algues aux vertus tonifiantes et détoxifiantes ou un verre de vin issu de l'agriculture biologique, avant de rejoindre la salle du restaurant où un repas préparé à base de produits sains, à majorité biologiques, mêlés aux épices et aux herbes bios du jardin, vous attend. Une cuisine équilibrée, sans privation extrême, qui manque de finesse. Vous aurez le choix de prendre vos repas autour des tables rondes propices aux rencontres ou dans l'intimité. Le peignoir est accepté partout, même au restaurant, sans aucun complexe.

L'établissement a également publié un livre de recettes: *Le Spa Eastman à votre table.*

LE SPA EN UN CLIN D'ŒIL

Coordonnées
Spa Eastman
895 chemin des Dilligences, Eastman; route 112 E.; ☎800-665-5272
www.spa-eastman.com

Installations
21 salles de soins individuels – 1 salle de soins duo – 1 salle de soins Vichy – 5 salles de balnéothérapie – 1 salle grand bleu – 1 petite piscine au sel – 7 stations manucure/pédicure – 1 bain vapeur – 2 piscines, intérieure et extérieure – 1 étang.

Tarifs
Soins entre 45$ et 160$.

Environnement
Un vaste domaine de 127 ha parsemé d'un étang, de pins, cèdres, bouleaux et peupliers. Parcourez 15 km de sentiers aménagés pour la marche et le ski de fond. En toile de fond, admirez le mont Orford.

Activités de plein air dans la région

Baignade – canot – escalade – randonnée pédestre – raquette – ski alpin – ski de fond – vélo

Parc national du Mont-Orford
3321 chemin du Parc, Canton d'Orford
☎819-843-9855, www.sepaq.com
En toute saison, venez admirer ses montagnes, ses étangs et ses forêts matures dominées par l'érable à sucre.

Baignade – escalade – randonnée pédestre

Mont Pinacle
Mont Pinacle, Ayer's Cliff
☎800-355-5755
Avec son imposante falaise de 190 m plongeant dans les eaux fraîches du lac Lyster, le mont Pinacle est sans aucun doute l'un des sites les plus prisés pour l'escalade au Québec.

Parcours d'aventure en forêt

Arbre Aventure
Haut-Bois Normand, 426 chemin Georges-Bonnalie, Eastman
☎866-297-2659, www.arbreaventure.ca
Situé dans la magnifique érablière de Haut-Bois Normand, Arbre Aventure vous convie à une randonnée excitante au sommet, en toute sécurité. Plaisirs garantis pour petits et grands.

D'Arbre en Arbre
429 chemin Maple, Sutton
☎866-538-6464, www.arbresutton.com
Au cœur du massif des monts Sutton, un parcours ludique à la cime des arbres.

Planche à voile – ski cerf-volant

Club de voile Lac Memphrémagog
155 chemin de la Plage des Cantons, Magog
☎819-847-3181
Profitez d'un bel après-midi sur les eaux du lac Memphrémagog. Durant la saison hivernale, initiez-vous au ski cerf-volant.

Épiceries bios

Au naturel
1 rue Principale N., Sutton
☎450-538-3720

Aux petits plats futés
746 rue Shefford, Bromont
☎450-534-3197, www.auxpetitsplatsfutes.com

Dame nature Magog
121 rue Sherbrooke, Magog
☎819-843-1843

Marché Le végétarien
930 rue Principale O., Magog
☎819-843-9331

Épiceries fines du terroir

L'épicier du terroir
439 rue Principale O., Magog
☎819-868-0080

La Rumeur affamée
15 rue Principale N., Sutton
☎450-538-1888
Boulangerie artisanale et épicerie.

Les Laurentides

0 10 20km

N

LANAUDIÈRE

Réserve faunique
Rouge-Matawin

Saint-Michel-
des-Saints

Mont-Laurier

117

L'Ascension

Sainte-Véronique

Parc national du
Mont-Tremblant

Lac-Nominingue

L'Annonciation

La Macaza

Saint-Donat

La Minerve

Lac
Tremblant

**Spa Sans Sabots –
Hôtel Quintessence**

Mont-
Tremblant

Lac-
Supérieur

Val-des-Lacs

Le Scandinave

Sainte-Lucie-
des-Laurentides

La Conception

Saint-Jovite

117

Saint-Faustin–
Lac-Carré

Brébeuf

Sainte-Agathe-
des-Monts

Val-David

Sainte-Marguerite-
du-Lac-Masson

327

Val-Morin

Saint-Adolphe-d'Howard

Thalaspa

Namur

364

Spa de l'Eau à la Bouche

Sainte-Adèle

Saint-Hippolyte

Chénéville

Spa Ofuro

Morin-
Heights

**Spa du Manoir
Saint-Sauveur**

OUTAOUAIS

Saint-
Sauveur

Wentworth-Nord

15

Lafontaine

Spa du Manoir St-Andrews

Saint-Jérôme

327

329

Sainte-Anne-
des-Plaines

Montebello

158

117

50

Grenville-sur-
la-Rouge

Lachute

Sainte
Scholastique-
de-Mirabel

Blainville

Hawkesbury

Rivière
des
Outaouais

Spa Le Finlandais

Rosemère

ONTARIO

Saint-Benoît-
de-Mirabel

Saint-Eustache

Saint-André-d'Argenteuil

344

© ULYSSE

Saint-Joseph-
du-Lac

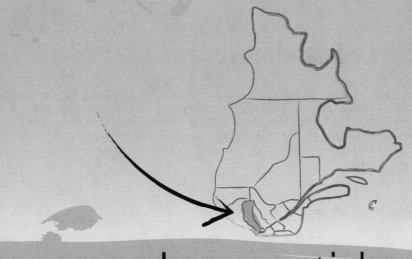

les Laurentides

L es Laurentides, cette chaîne de montagnes parallèle au fleuve Saint-Laurent, ont été désignées ainsi en 1845 par l'historien François-Xavier Garneau. L'effervescente région située au nord de Montréal, qui porte officiellement le même nom depuis 1987, reste quant à elle une des destinations toutes saisons les plus réputées du Québec, très prisée par les vacanciers aussi bien régionaux, nationaux qu'internationaux, surtout pour sa grande concentration de stations de ski et ses conditions d'enneigement exceptionnelles. Renommé pour ses grands espaces, ses 4 500 lacs et rivières, ses forêts odorantes et ses villages coquets et animés, ce territoire saura vous faire découvrir les merveilleux plaisirs de la vie en pleine nature. Différents événements sportifs, culturels, artistiques et gastronomiques y rythment l'année, comme le Festival international du blues de Tremblant ou les ateliers et activités des Jardins de L'Achillée Millefeuille, premier gîte au Québec dont tous les repas et produits sont certifiés biologiques, situé en bordure de la piste cyclable «Le P'tit Train du Nord», à quelques pas de la rivière Rouge et de ses magnifiques plages de sable.

♨ Le Scandinave

Au milieu d'une forêt de feuillus et de conifères, des bâtiments inspirés de l'authentique esprit des Vikings, à l'architecture rustique et au toit rouge vermillon, plantent le décor. Une véritable remise en forme alternant sources chaudes, eaux vivifiantes et repos, ouverte à l'aventure des saisons, libère le corps des tensions citadines et invite à une douce méditation intérieure.

Membre Spas Relais Santé Certifiés

SOIN SIGNATURE

Massage yoga-thaïlandais

Une fois le corps habillé de vêtements amples, allongé sur un futon, le massage yoga-thaïlandais combine différentes manœuvres de pétrissages, de compressions, d'étirements et de pressions avec les coudes, les avant-bras et la plante des pieds. Depuis plus de 5 000 ans, ce massage aux vertus multiples est toujours à l'honneur au sein de la culture thaïlandaise. En quittant la pièce, vous ressentez une immense sensation de légèreté, le corps souple et délié.

Décor ♦♦♦

Les ╋ *L'aménagement du site crée des espaces de tranquillité et d'intimité: tout n'est pas concentré au centre du site ♦ Les salles de soins profitent de la lumière extérieure ♦ Les cours de yoga ou d'étirement donnés le matin et en fin d'après-midi ♦ Les chaises longues «zéro gravité» procurent une sensation d'apesanteur ♦ L'accès à la rivière ♦ L'interdiction de grignoter sur le site.*

Les ▬ *Les salles de soins ne sont pas parfaitement insonorisées ♦ Les chaises longues «zéro gravité» placées les unes à côté des autres font penser à une salle d'attente ♦ Les casiers en métal dans les vestiaires.*

AUTRES SOINS, TRAITEMENTS ET SERVICES

Massages: pierres chaudes • en couple • suédois.

Autres services: carte de membre Scandinave (individuels et couples) • forfaits travail-détente • salle exécutive équipée pour réunions corporatives avec service de traiteur.

LE SPA EN UN CLIN D'ŒIL

Coordonnées
Le Scandinave
4280 montée Ryan, Mont-Tremblant, route 117 N., sortie 119
☎888-537-2263, www.scandinave.com. Ouvert toute l'année.

Installations
2 bains à remous extérieurs – 2 bains froids – 1 chute nordique – 1 chute
thermale – baignade en rivière – 1 bain vapeur – 1 sauna finlandais –
1 foyer extérieur – solariums et aires de détente intérieures et extérieures
– 1 salle «zéro gravité» – 14 salles de soins individuels – 3 salles de soins
duo – 1 salle de conférences.

Projet
Ajout d'un bain à remous extérieur avec terrasse et d'un bistro à l'automne 2007.

Tarifs
Expérience thermique: 41$; massages entre 108$ et 169$.

Environnement
À 15 min des pistes de ski et du village de Tremblant. Aux abords de la
rivière La Diable, dans un environnement naturel. Malgré la proximité de la
route 117, on n'entend peu ou pas la circulation.

🌊 Spa Le Finlandais

Une fois passé le tumulte du boulevard Labelle, vous larguez les amarres en entrant
dans un lieu propice à la détente qui s'ouvre sur la rivière des Milles Îles. Quatre bâtiments (sauna, bain vapeur, pavillon de repos, salles de soins) inspirés des granges à
chevaux, tout en bois de différentes couleurs, éclaboussés de lumière naturelle, contras-
tent avec l'espace intérieur plus moderne qui joue sur les symétries. Pour compléter
votre remise en forme, quatre spacieux lofts vous accueillent le temps d'une nuit ou
plus, si affinités.

Membre Spas Relais Santé Certifiés

SOIN SIGNATURE

Massage Yoga-Thaï

Avant et après votre soin, profitez de l'expérience thermique tel un rituel de bienvenue.
Votre expérience se poursuit par un massage millénaire qui agit par étirements, per-

cussions, mobilisations et pressions avec les mains, les avant-bras, les coudes, les pieds sur les lignes d'énergie, appelées *Sen*. Comme le veut la tradition, allongez-vous sur un futon, habillé de vêtements amples et légers. Laissez-vous aller sans inquiétude. Après 90 min, vous êtes parfaitement détendu, votre corps est libéré des raideurs musculaires et autres maux de la vie quotidienne.

Décor ✦✦✦

Les ✚   *Les fenêtres et baies vitrées sur tout le site laissent filtrer la lumière; cependant, le sauna et le bain vapeur ont vue sur la zone centrale des bains et non sur le paysage ✦ Les salles de soins spacieuses ✦ Les matelas Tempur épousent la forme du corps ✦ Le sauna finlandais chauffé au bois ✦ La salle de conférences permet l'équilibre travail-détente.*

Les ━   *Les puristes peuvent être déçus du massage yoga-thaïlandais puisqu'il n'est pas pratiqué dans la pure tradition ✦ Les casiers en métal dans les vestiaires ✦ Les bains au centre du site, entourés de chaises longues, côté un peu trop village vacances ✦ Le bruit de la circulation au niveau des salles de soins, côté boulevard ✦ Les serviettes et peignoirs ne sont pas inclus.*

AUTRES SOINS, TRAITEMENTS ET SERVICES

Massages: californien • femme enceinte • réflexologie • shiatsu • suédois • thérapeutique.

Soins du corps: balnéothérapie aux algues, à la boue • enveloppement de boue • exfoliation aux algues, au sel.

Soins du visage: AHD3 Hydrascience • soin Intervention • soin Sensivital.

Autre service: location de la salle de conférences.

Possibilité d'hébergement: quatre lofts habillés de persiennes couleur chocolat, tous équipés, offrent une vue sur le boisé ou les bains. Un petit déjeuner continental vous sera proposé à votre réveil. La réservation d'un loft donne accès à l'expérience thermique (☎888-437-2171).

LE SPA EN UN CLIN D'ŒIL

Coordonnées
Spa Le Finlandais
124 boul. Labelle, Rosemère; autoroute 15 N., sortie 14; ☎450-971-0005,
wwww.spalefinlandais.com. Ouvert tous les jours.

Installations
2 bains à remous extérieurs – 2 bassins d'eau froide – 1 cascade – 1 bain vapeur – 1 sauna finlandais chauffé au bois – 1 foyer extérieur – 3 pavillons de
détente – 15 salles de soins individuels – 4 salles de soins duo – 2 salles avec
bains thérapeutiques – 1 halte santé – 1 salle de conférences tout équipée.

Tarifs
Expérience thermique: 35$ – matinée et soirée sur semaine: 25$; soins entre
75$ et 155$. Pour les personnes à mobilité réduite, l'accès aux bains pour la
personne accompagnatrice est offert gratuitement.

Environnement
Une fois passé les portes, le bruyant boulevard Labelle cède la place à une atmosphère plus campagnarde. Le Spa Le Finlandais est tourné vers le petit boisé
et la rivière des Mille Îles. Situé à quelques kilomètres du Vieux Sainte-Rose. À
votre sortie, vous êtes tout de suite accaparé par le bruit de la circulation.

⑅ Spa Ofuro

À flanc de falaise, niché dans un immense domaine peuplé majoritairement de cèdres,
ce lieu attire immédiatement le regard: moulures de pierres et statues du bouddha, antiquités d'Orient, soleils en sculptures de plomb comme laqués de feuilles d'or, peintures
de poupées japonaises grandeur nature, toits en forme de pagode. Un goût du mélange
assumé. Ce spa incite à l'évasion et souligne l'exubérance créative de son propriétaire.
Membre Spas Relais Santé Certifiés

SOIN SIGNATURE

Massage Jin Shin Do

À la suite de multiples questions, la thérapeute, très à l'écoute, cerne votre état général.
Ce soin ultra-personnalisé, sans huile, ressemble à un traitement d'acupuncture sans
aiguilles. Doux et relaxant, ce massage consiste à effectuer des pressions avec les doigts
sur des points spécifiques du corps pour libérer les tensions et stimuler le flux d'énergie.
Complet, il rééquilibre vraiment en profondeur et vous laisse dans un état de bien-être
total sans fatigue ni somnolence.

Décor 🌢🌢🌢 1/2

Les ➕ *L'aménagement des espaces sur différents niveaux ◢ Les bassins en rivière ◢ Les antiquités orientales ◢ La qualité des soins ◢ Les bains vapeur, les saunas ainsi que les salles de soins bénéficient de la lumière naturelle ◢ La salle de soins duo divisée par un aquarium ◢ Location du site pour au moins 3h ◢ La salle de conférences permet l'équilibre travail-détente.*

Les ➖ *Dans un domaine aussi vaste, certains espaces sont trop confinés (surtout la première phase) ◢ Les casiers en métal dans les vestiaires ◢ Serviettes, bouteilles d'eau et cadenas ne sont pas inclus ◢ La permission de grignoter sur le site ◢ L'expérience thermique sur réservation.*

Autres soins, traitements et services

Massages: pierres chaudes • drainage lymphatique • réflexologie • shiatsu • sportif • suédois.

Soins du corps: enveloppement d'algues • pressothérapie • sablage aux sels de la mer Morte • soin des jambes lourdes • soin des pieds.

Soins du visage: facial avec photodermatologie • facial enrichi à l'oxygène.

Autre service: carte de membre.

Le spa en un clin d'œil

Coordonnées
Spa Ofuro
777 chemin Saint-Adolphe, Morin-Heights; route 329 N.; ☎877-884-2442, www.spaofuro.com. Ouvert tous les jours sur réservation.

Installations
4 bains à remous extérieurs dont 1 bain d'eau salée – 2 bassins d'eau froide – 2 bassins en rivière – 2 bains vapeur – 3 saunas finlandais dont 1 avec four anthracite – salles de repos – 18 salles de soins individuels – 2 salles de soins duo – 1 salle de réunion.

Projet
Ouverture à l'hiver 2008 d'un pavillon de 10 lofts princiers d'inspiration sino-indonésienne, avec une mention spéciale pour les lits à baldaquin et les bains. Réaménagement de la réception.

Tarifs
Expérience thermique: 40$; soins entre 45$ et 169$.

Environnement
Un domaine de 16 ha, blotti dans une forêt de cèdres, directement au bord de l'eau, à l'écart de la route, un univers complètement dépaysant. Le Spa Ofuro échappe aux classiques du genre. À seulement 1h de Montréal. À proximité du Club de plein air de Saint-Adophe-d'Howard.

Spa Sans Sabots – Hôtel Quintessence

Face au lac, habillé de dalles de marbre au sol, d'élégantes portes vitrées privilégiant l'espace et la lumière naturelle, ce spa aux lignes simples et épurées s'ouvre sur une sublime piscine à débordement qui forme un décor en trompe-l'œil. Après une journée au grand air, chaque invité peut profiter du bain à remous extérieur, des douches mul-tijets, du sauna finlandais ou du bain vapeur. Le luxe au plus près de la nature. Ultime privilège, la possibilité de vous offrir des massages dans l'intimité de votre suite.

SOINS SIGNATURE

Soin visage à la vinothérapie et soins des pieds

Pour une immersion en douceur, le rituel commence par un soin des pieds (bain, gom-mage aux sels de la mer Morte et huile essentielle de romarin, boue thermale, massage des points réflexes). S'ensuit un soin gourmand à base de raisin, riche en polyphénols, si célèbres pour leur action rajeunissante, éclaircissante et antirougeurs. Fluide démaquillant au raisin rouge de Montalcino, lotion tonique au raisin Chardonnay, massage gommant au moût de raisin et miel de lavande, masque à la gelée de raisin Chardonnay, fraises sauva-ges, gingembre et miel de framboises, sérum aux raisins rouges, jus d'abricot et pample-mousse de Sicile, crème protectrice au raisin Sangiovese du Chianti Toscan, ce rituel de soin s'enchaîne de façon précise, au rythme d'une valse douce et régulière. Des textures onctueuses aux arômes délicieux qui redonnent à la peau fraîcheur et éclat tout en procu-rant un profond bien-être. Idéal pour tous types de peau, même les plus sensibles.

Décor ✦✦✦✦ 1/2

Les ✚ *La haute qualité des soins ✦ Le service attentif, le cadre et l'importance accordée à chaque détail font de votre séjour un souvenir mémorable ✦ Les massages et les cours de yoga privés ou semi-privés prodigués dans chacune des suites, devant le foyer et au bord du lac sous la tente (le professeur apporte les tapis) ✦ Les services annexes: sauna finlandais, bain vapeur, douche multijets installés dans l'enceinte du spa ✦ Le bain à remous et la piscine à débordement situés à l'extérieur ✦ La cuisine gourmet-spa.*

Le ▬ *Au début du soin, la thérapeute vaporise une brume d'huiles essentielles qui se disperse dans la pièce. L'idéal serait d'inspirer profondément, à plusieurs repri-ses, ces effluves énergisants.*

AUTRES SOINS, TRAITEMENTS ET SERVICES

Massages: à quatre mains • pierres chaudes • shiatsu • suédois • sur chaise • yoga thaïlandais.

Soins du corps: chocothérapie • rénovateur (peau de satin • revitalisant) • soin des pieds • vinothérapie.

Soins du visage: *caffè espresso* pour hommes • chocothérapie • rénovateur (anti-âge • douceur • hydratation) • truffethérapie • vinothérapie.

Activités complémentaires: la salle de remise en forme avec équipement • les cours de yoga privés ou semi-privés offerts dans les suites et sous la tente au bord du lac.

Autre service: création de forfaits pour les groupes corporatifs (soins gourmands et dégustation gastronomique).

HÉBERGEMENT – GASTRONOMIE

Coordonnées
Hôtel Quintessence
3004 chemin de la Chapelle, Mont-Tremblant; route 117N., sortie 119
☎866-425-3400, www.hotelquintessence.com

Type
Hôtel-boutique luxueux.

À cinq minutes à pied des pistes, l'élégant bâtiment, protégé des regards indiscrets, bénéficie d'un emplacement privilégié, propice au calme et à la détente avec, pour toile de fond, la présence des collines et la vue panoramique du lac Tremblant. Dès l'entrée, le regard est tout de suite attiré par un élégant escalier en colimaçon de fer forgé habillé de cuir. Partout se traduit un jeu subtil de pierres, de bois nobles, de lumière et d'espace. Même confort et luxe dans chacune des 30 suites, dotées d'un foyer, d'un bain thérapeutique sur pattes, d'une douche à affusion, d'un balcon ou d'une terrasse... Impossible de quitter des yeux cette vue panoramique exceptionnelle qui célèbre la quintessence des lieux. Un bonheur dont on ne se lasse pas.

Afin de prolonger les bienfaits des soins, le chef Lindsay Petit propose une cuisine délicate, raffinée et inventive, aux parfums subtils de tous les horizons. La carte est élaborée à partir de produits frais, biologiques et régionaux, dont les fines herbes et certains légumes proviennent directement du jardin biologique de l'hôtel. Une échappée belle en toute insouciance. Dans l'ambiance chaleureuse du Winebar, succombez à un porto en bonne compagnie. Moyennant quelques milliers de dollars, il vous sera possible de privatiser cet hôtel-boutique, rien que pour vous et vos amis.

Propice au rendez-vous amoureux, le coquet refuge attenant vous enchantera.

LE SPA EN UN CLIN D'ŒIL

Coordonnées
Spa Sans Sabots
3004 chemin de la Chapelle, Mont-Tremblant; route 117N., sortie 119
☎866-425-3400, www.hotelquintessence.com

Installations
2 salles de soins individuels – 1 bain à remous extérieur – 1 piscine à débordement extérieur – 1 douche multijets – 1 bain vapeur – 1 sauna finlandais.

Tarifs
Soins entre 90$ et 300$.

Environnement
À quelques minutes des pentes de ski. À proximité, tout en étant isolé du village de Tremblant: une vue imprenable sur le lac, en osmose avec la nature. Une promenade sur le site ou une balade sur le lac Tremblant dans un Layare Launch 1910 de 10 m.

Spa de l'Eau à la Bouche

Lumineux, ouvert sur l'hôtel éponyme et la nature environnante, ce spa, qui marie avec subtilité la rusticité du vieux bois de grange, le roc et l'ardoise aux détails plus contemporains, invite à une douce quiétude. Profitez pleinement des lieux en vous immergeant dans le bain extérieur et laissez-vous masser par les bulles et la chute d'eau, tout en vous laissant flatter par les odeurs ambiantes qui fleurent si bon les herbes du potager.

Membre Spas Relais Santé Certifiés

SOINS SIGNATURE

Exfoliation au sucre d'érable et enveloppement au beurre d'érable

Pour se sentir en harmonie parfaite avec l'authenticité des lieux et de la table, les soins sont réalisés exclusivement avec la ligne B. Kamins, des produits «cosméceutiques» canadiens, à base de sève d'érable. Un ingrédient riche en antioxydant qui active le renouvellement cellulaire, affine le grain de peau et améliore son élasticité.

Une fois le corps allongé sur la table chauffante, se succèdent exfoliation au sucre d'érable, douche, enveloppement d'un riche et onctueux beurre d'érable et «re-douche». Étape particulièrement agréable, le massage des pieds ou du cuir chevelu pendant le temps de pause de l'enveloppement. La lotion thérapeutique à l'érable, infusée de miel et soya, finalise le soin en douceur. Idéal pour retrouver éclat et souplesse, ce cocktail est une véritable bénédiction pour les peaux sèches.

Décor ✦✦✦ 1/2

Les ✛ *Les traitements corporels, donnés par des massothérapeutes, sont accompagnés de manœuvres de massage, ce qui augmente les bienfaits et la détente ✦ Une équipe chaleureuse et aux petits soins ✦ Massages pour enfants tous les jours de 10h à 13h ✦ Les massages offerts en période estivale au cœur du boisé ✦ Le design des bains réalisé par des artistes régionaux ainsi que certains espaces du spa ✦ Les vestiaires éclairés par la lumière extérieure ✦ Le choix d'une musique d'ambiance ✦ La possibilité d'un dîner au Café-Lounge H2O pour un menu plaisir-santé ✦ L'huile à massage à base de sève d'érable exclusive au Spa de l'Eau à la Bouche.*

Les — *Les salles de soins ne sont pas parfaitement insonorisées ✦ Le bain à remous et le bassin d'eau froide, situés à l'extérieur, sont construits dans un espace confiné; cette aire de détente représente davantage un service supplémentaire qu'une expérience principale.*

AUTRES SOINS, TRAITEMENTS ET SERVICES

Massages: pierres chaudes • en duo • suédois • sur chaise.

Soins du corps: enveloppement • exfoliation au sucre d'érable, au riz biologique • soin énergie jambes.

Activités complémentaires: balade dans le sentier des Tourtereaux • en été, les massages sont offerts sous la tente, au cœur de la nature • le service de massage est disponible aux chambres.

HÉBERGEMENT – GASTRONOMIE

Coordonnées
Hôtel-Restaurant l'Eau à la Bouche
3003, boul. Sainte-Adèle, Sainte-Adèle, ☎888-828-2991, www.leaualabouche.com

Type: Hôtel luxueux.
Membre des Relais & Châteaux

Chacune des chambres, toutes différentes, et décorées dans un style classique-romantique, offre une vue sur la forêt ou les pistes de ski. Une fois détendu et apaisé, il est temps de traverser le petit pont de bois et de rejoindre cette vieille maison aux bas plafonds, qui fut il y a bien longtemps l'atelier d'un ébéniste, où évoluent Anne Desjardins, chef co-propriétaire, et son fils, Emmanuel Desjardins-Richard. Pour procurer plaisir et émotion aux invités, ce duo à quatre mains décline une véritable passion pour le goût, l'élégance des harmonies et le respect du produit. Privilégiant les ingrédients de première qualité, souvent biologiques ou indigènes, cette cuisine régionale et gourmande évolue au rythme des saisons. Sur les conseils du sommelier passionné, le restaurant estampillé Relais Gourmand, reconnu pour ses accords mets et vins, peut facilement se conclure en «vinothérapie». Aux murs sont accrochés plusieurs natures mortes de cette femme aux multiples talents.

Anne Desjardins est l'auteure d'un livre gourmand: *Les 4 saisons selon Anne Desjardins.*

LE SPA EN UN CLIN D'ŒIL

Coordonnées
Spa de l'Eau à la Bouche
3003 boul. Sainte-Adèle, Sainte-Adèle; route 117 N., sortie 69; ☎888-828-2991, www.leaualabouche.com. Ouvert tous les jours (en matinée pour les enfants).

Installations
4 salles de soins individuels – 1 salle de soins duo – 1 bain à remous extérieur – 1 chute thermale – 1 bassin d'eau froide – 1 bain vapeur – 1 sauna finlandais.

Tarifs
Expérience thermique: 30$; massages pour enfants (30 min): 40$; soins entre 75$ et 120$.

Environnement
Face à la station de ski Chantecler, loin de la route 117, entourée d'une forêt mixte et de jardins d'herbes et de fleurs. À proximité des pistes cyclables. Le restaurant a été aménagé dans une maison indépendante, à l'écart de l'hôtel et du spa.

🏠 Spa du Manoir St-Andrews

Loin de la vie trépidante, le Manoir St-Andrews abrite un univers intime et feutré, aux couleurs douces, où la plénitude peut se prolonger dans l'une des deux suites ouvertes sur une nature généreuse. Une pause sereine où les journées se déroulent à votre rythme. Sérénité, repos et calme au cœur d'un domaine verdoyant.

SOIN SIGNATURE

Soin visage Truffethérapie

Ce traitement exclusif à base de truffes blanches et noires, combinées aux essences naturelles de champignons comestibles et épices, séduit tous les épicuriens du monde entier. Le protocole de la ligne italienne Ishi comprend de nombreuses étapes (sans omettre la dégustation d'un carré de chocolat fondant aromatisé aux truffes): fluide démaquillant au raisin rouge de Montalcino, lotion tonique au raisin Chardonnay, massage gommant au moût de raisin et miel de lavande, sérum éclaircissant à la truffe blanche, masque anti-âge au caviar de truffes noires d'été, d'anis étoilé, de cardamome et de coriandre, massage stimulant visage et décolleté, complété par cet ultime massage avec le sérum «effet-*lifting*». On se réveille le teint frais et détendu, les rides et taches pigmentaires estompées, la peau tonifiée et éclaircie. Conçu pour répondre aux besoins des peaux matures et/ou fragilisées par un abus de soleil, ce soin aux extraits de diamant blanc et noir serait-il la promesse d'une éternelle jeunesse?

Décor 🌢🌢🌢 1/2

Les ✚ *Les salles de soins connexes aux suites sont spacieuses et éclairées par la lumière extérieure ✦ Les massages sous tentes, sur les rives du lac, promettent de délicieux moments de détente ✦ Les balades sur 6 km de sentiers ✦ Le vestiaire vaste et lumineux (les spacieux casiers en bois, les peignoirs et chaussons moelleux) ✦ Les propriétaires sont très attentifs au bien-être de leurs hôtes tout en étant très discrets.*

Les — *Les salles de soins situées en sous-sol sont trop exiguës et ne profitent pas de la lumière naturelle ✦ L'absence d'un sauna finlandais ou d'un bain vapeur.*

AUTRES SOINS, TRAITEMENTS ET SERVICES

Massages: à l'huile choco-noisette • à l'huile de pépins de raisins et macération de romarin • californien • drainage lymphatique • femme enceinte • pierres chaudes • réflexologie • reiki • suédois.

Soins du corps: à la mousse au chocolat • bain au chocolat • balnéothérapie et chromothérapie • enveloppement à la mousse au Chardonnay, aux algues au thym, à la boue thermale • exfoliation au moût de raisin • pressothérapie • soin anti-stress pour les pieds et les jambes • traitement raffermissant pour le décolleté.

Soins du visage: à la gelée de Chardonnay • au nectar de vin rouge de la Toscane • éclair au chocolat à l'orange • masque facial à la myrtille, dermopurifiant • soin anti-âge pour le contour des yeux et des lèvres • soin *lifting* anti-chirurgie avec collagène • pour hommes.

Activités complémentaires: baignade • pêche • pédalo • randonnée pédestre.

HÉBERGEMENT – GASTRONOMIE

Coordonnées
Manoir St-Andrews
1331 ch. Saint-Camille, Saint-Jérôme; autoroute 15 N., sortie 45; ☎450-530-2903

Type
Manoir luxueux.

À flanc de coteau, discrètement situé dans un domaine de plus de 80 ha, ce refuge centenaire, entouré d'un lac sauvage et parsemé d'arbres majestueux, propose une expérience de bonheur terrestre. Au détour du chemin, à l'entrée de la propriété, trône une ancienne grange en bois tout droit sortie d'une carte postale. Plus qu'un hôtel particulier, au Manoir St-Andrews, les hôtes s'y sentent comme chez soi. La décoratrice et propriétaire, Katya Blondeleau, a laissé libre cours à son imagination, dans les moindres détails. Sur tous les étages, le même charme opère; y jouent les mêmes harmonies entre matériaux d'époque et objets dénichés au cours de voyages. Le soir venu, accueilli par un feu qui crépite, installez-vous confortablement au salon, sirotez un verre de vin californien ou chilien, pour la plupart d'importation privée, avant de déguster un menu cinq services que vous aurez, au préalable, élaboré avec le chef selon vos goûts et vos envies du moment. Ici, la carte c'est vous qui l'inventez. Au clair de lune, main dans la main, baladez-vous sur un des nombreux sentiers tout en contemplant une nature généreuse, sauvage et préservée qui ne laisse personne indifférent. Puis regagnez l'une des deux spacieuses suites assorties d'un salon et d'une salle de massage. Lieu paisible et discret où règne un confort chaleureux.

LE SPA EN UN CLIN D'ŒIL

Coordonnées
Spa du Manoir St-Andrews
1331 ch. Saint-Camille, Saint-Jérôme; autoroute 15 N., sortie 45; ☎450-530-2903, www.manoirstandrews.com

Installations
3 salles de soins individuels – 1 suite pour soins duo avec bain thermomasseur doté d'un système de chromothérapie – 1 bain à remous extérieur.

Tarifs
Soins entre 65$ et 300$.

Environnement
La route est sinueuse et grimpante, le lieu est retiré mais très facile d'accès. En plein cœur de la nature. À seulement 30 min de Montréal. Le lac privé et naturel est aménagé pour apprécier les plaisirs de l'eau: baignade, pédalo et pêche. Sillonnez les 6 km de sentiers pédestres dans une forêt de plus de 80 ha.

Spa du Manoir Saint-Sauveur

Au pied des montagnes, le Spa du Manoir Saint-Sauveur est aménagé avec élégance: sols de marbre, essences précieuses de bois brésilien, mur d'eau éclairé, fauteuils couleur ivoire larges et moelleux, mêmes harmonies de touches claires et caramel foncé dans chaque salle de soin. Étendu sur trois niveaux, il présente deux salons, dont l'un est ouvert sur le jardin avec balcon privé.

SOINS SIGNATURE

Massage envoûtant à l'huile de pépins de raisin et macération de romarin

Après trois longues et lentes respirations, le soin débute par un massage du cuir chevelu qui, presque instantanément, libère fatigue et tracas. S'ensuit un massage relaxant et apaisant à l'huile chaude de pépins de raisin et macération de romarin aux propriétés stimulantes et tonifiantes, qui redonne à la peau élasticité et souplesse. Pour optimiser la pénétration des actifs végétaux, la thérapeute vous enveloppe dans un cocon de couvertures. Vous repartez le pied léger, calme et détendu. Après le soin, une infusion de vigne rouge vous est gracieusement servie.

Exfoliation au café Arabica

Pour apaiser corps et esprit, chaque soin débute par l'expérience d'aromathérapie: inspirez-expirez.

Conçue aussi bien pour la gent féminine que masculine, la préparation combine grains de café, sels marins et huiles essentielles d'orange et de menthe issues de l'agriculture biologique pour une action stimulante, drainante, anti-peau d'orange. Pour éliminer les résidus, passez sous la douche (sans utiliser de savon). La lotion au beurre de karité et aloès parachève l'hydratation et l'éclat de l'épiderme.

Décor ❤❤❤ 1/2

Les ✚ *La qualité des soins • L'uniforme des thérapeutes, au style plus oriental, de couleurs ivoire et chocolat • Les casiers en bois pour chaque invité incluant peignoir et chaussons en ratine • L'espace sur différents niveaux • Les salons à l'étage invitent à la rêverie • L'accès libre à la piscine avec vue sur le jardin, au sauna et au bain vapeur • Le menu-spa du restaurant.*

Le — *Le manque de clarté naturelle à l'accueil et dans certaines salles de soins.*

AUTRES SOINS, TRAITEMENTS ET SERVICES

Massages: antidouleur • aromatique • pierres chaudes • du dos • euphorisant • femme enceinte • lymphatique • réflexologie • Scentao • sous la pluie • suédois • sur chaise.

Soins du corps: bain d'oxygène • enveloppement à la boue et aux huiles essentielles, aux algues et à la spiruline, au cacao et soya, hydratant aux vitamines A,

C et E • exfoliation aux sels de la mer Morte • hydrothérapie aux algues, huiles essentielles, lacté, aromatique • pressothérapie • sablage sous la pluie • soins anticellulite, buste, dos, jambes lourdes.

Soins du visage: anti-âge • arôme de Toscane • au collagène • Coup d'éclat • fermeté Ogénage • hydratant intensif • oxygénant • Réveil beauté • pour ado • pour homme • soin décongestionnant pour les yeux • soin éclat des yeux.

Application de vernis • beauté des mains et de pieds • épilation à la cire • manucure classique • maquillage.

Activités complémentaires: bain à remous intérieur • bain vapeur • centre de conditionnement physique • piscine intérieure d'eau salée • sauna • courts de tennis.

HÉBERGEMENT – GASTRONOMIE

Coordonnées
Manoir Saint-Sauveur
246 chemin du Lac Millette, Saint-Sauveur; autoroute 15 N., sortie 60; ☎800-361- 0505
www.manoir-saint-sauveur.com

Type
Hôtel de villégiature luxueux.

Le Manoir Saint-Sauveur a conservé cette âme seigneuriale (décor de meubles anciens, boiseries, tapisserie, fauteuils en peau de cerf) accentuée d'une touche plus contemporaine. Le confort y est cossu et chaleureux. Qu'elles donnent sur le village ou sur la montagne, les suites mezzanines du Pavillon Avoriaz, sur deux étages, de type chic rustique, sont dotées d'équipements modernes. Le soir venu, dans l'un des trois salons distinctifs, le chef et son équipe proposent une table gourmande et simple ou une carte plus verte qui joue sur l'équilibre et le goût sans compter les calories.

LE SPA EN UN CLIN D'ŒIL

Coordonnées
Spa du Manoir Saint-Sauveur
246 chemin du Lac Millette, Saint-Sauveur; autoroute 15 N., sortie 60
☎800-361- 0505, www.manoir-saint-sauveur.com

Installations
16 salles de soins individuels – 1 salle de soins duo – 1 bain thérapeutique avec chromothérapie – 1 bain vapeur oxygène – 4 stations pédicure/manucure.

Tarifs
Soins entre 45$ et 135$.

Environnement
Au cœur du village de Saint-Sauveur et de ses nombreuses boutiques. À proximité des pistes de ski.

➔ Thalaspa

Décoré selon les principes du feng shui, le discret Thalaspa, perché sur le mont Gabriel, offre une ambiance limpide: bois blonds, camaïeu d'écru, foyer, mur d'eau... Les nombreuses baies vitrées situées au sud laissent transparaître une lumière douce et paisible. Un véritable cocon tout en rondeur où le silence règne.

SOINS SIGNATURE

Soin du visage Phytobiodermie

Un soin du visage particulier et personnalisé qui conjugue les vertus et bienfaits de la médecine traditionnelle chinoise, de la chromothérapie et du drainage lympho-énergétique effectué à l'aide de ventouses. Vous commencez par un diagnostic énergétique qui prend en compte votre date de naissance, votre morphologie, votre biorythme, la saison ainsi que l'observation des zones réflexes afin d'identifier votre type de peau (bois, feu, terre, métal ou eau). Un soin très complet qui allie efficacité et bien-être.

Cavitosonic

Plongé dans l'obscurité d'une petite pièce, du moins pas tout à fait puisque une lumière bleu produite par des lampes de Wood, associée à une fine brumisation d'eau de mer, libère des ions négatifs (détruits par la pollution des villes) comme si vous étiez au bord de la mer. Vingt minutes d'isolement sensoriel est l'antidote parfait à la fatigue, au stress accumulé, aux problèmes respiratoires.

Décor ◆◆ 1/2

Les ✚ *Une équipe chaleureuse qui veille aux moindres détails ◆ La qualité des soins ◆ La salle de soins connexe au bain thérapeutique de 252 jets ◆ Les salles de soins, baignées de lumière naturelle, offrent une vue spectaculaire ◆ L'aménagement des espaces intérieurs selon les préceptes du feng shui crée un environnement harmonieux et paisible.*

Le ‒ *Une décoration classique qui n'invite pas assez à la rêverie.*

AUTRES SOINS, TRAITEMENTS ET SERVICES

Massages: pierres chaudes • drainage lymphatique • suédois • thérapeutique du dos.

Soins du corps: bain hydromassage • douche Vichytherm • enveloppement aux algues, argile, boue • exfoliation aux sels de la mer Morte • jambes toniques • soin esthétique du dos.

Soins du visage: anti-âge • Coup d'éclat • hydratant • intégral (avec drainage lymphatique et chromothérapie).

Beauté des mains • pédicure.

LE SPA EN UN CLIN D'ŒIL

Coordonnées
Thalaspa
1699 chemin du Mont-Gabriel, Sainte-Adèle; autoroute 15 N., sortie 64
☎866-466-6665, www.thalaspa.ca

Installations
4 salles de soins individuels – 1 salle de douche Vichy – 1 salle de balnéo-thérapie (bain thérapeutique avec 252 jets) – 1 salle Cavitosonic – 1 salle de repos.

Tarifs
Soins entre 45$ et 145$.

Environnement
Au pied des pentes de ski du mont Gabriel, le spa, situé en altitude, bénéficie d'une vue magnifique grâce à ses nombreuses baies vitrées.

ACTIVITÉS DE PLEIN AIR DANS LA RÉGION

Baignade – canot – randonnée pédestre – raquette – ski de fond – ski nordique – vélo

Parc national du Mont-Tremblant
chemin du Lac Supérieur
☎ 800-665-6527, www.sepaq.com
Vaste univers de lacs et de rivières surplombé de montagnes, le parc du Mont-Tremblant vous offre liberté et évasion.

Escalade

Parois d'escalade du mont Condor
Mont Condor, Val-David
Val-David est le berceau de l'escalade au Québec. Plus de 500 voies d'escalade de roche sont répertoriées et cotées.

Escalade de rocher et de glace – parapente – randonnée pédestre – raquette – ski de randonnée hors piste

Parc d'escalade et de randonnée de la Montagne d'Argent
chemin de la Montagne d'Argent, La Conception
www.montagnedargent.com
À quelques kilomètres au nord de Saint-Jovite, le Parc d'escalade et de randonnée de la Montagne d'Argent est un site exceptionnel pour les amateurs de plein air.

Équitation

Ranch Mont-Tremblant
710 chemin Val-des-Lacs, Val-des-Lacs
☎ 819-326-7654, www.ranchtremblant.com
Situé sur les berges de la rivière Rouge, le ranch offre différentes expéditions pour débutants et cavaliers chevronnés. Galopez dans le sable ou la poudreuse selon la saison ou initiez-vous aux techniques et à la vie de cowboy: venez vivre une expérience unique et mémorable.

Kayak de rivière – rafting

Abykayak
118 chemin de la Rivière Rouge, Grenville-sur-la-Rouge
☎ 888-844-5292, www.abykayak.com
Vivez une aventure sportive exaltante tout en traversant des paysages naturels d'une beauté saisissante. Choisissez l'excursion ou l'expédition qui vous convient le mieux. Des cours de kayak sont également proposés.

Parcours d'aventure en forêt

Acrobranche
Sentier les Caps, Mont-Tremblant
☎ 866-502-3458, www.acrobranche.com
Entre ciel et terre, vivez l'expérience des parcours d'aventure en forêt, de jour comme de nuit.

Saut en parachute

Parachutisme Adrénaline
881 Lamontagne, Saint-Jérôme
☎ 1-877-PARACHUTE, www.paradrenaline.ca
Une aventure mémorable vue d'en haut, à quelque 34 500 m d'altitude.

Raquette – ski alpin – ski de randonnée – parcours d'aventure en forêt

Mont Morin-Heights
231 rue Bennett, Morin-Heights
☎ 450-227-2020, www.mssi.ca
Pour les amateurs de ski de fond et de raquette, Morin Heights reste un secret bien gardé. En été, découvrez un nouveau parcours d'aventure, aménagé à flanc de montagne dans une forêt luxuriante, à deux pas du Camping Morin-Heights.

Ski alpin – ski de randonnée – patin à roues alignées – randonnée pédestre – raquette – vélo

Station Mont-Tremblant
1000 ch. des Voyageurs, Tremblant
☎ 888-243-6836, www.tremblant.ca
Reconnu comme une station des plus animées, le centre de villégiature vous offre une panoplie d'activités, été comme hiver.

Ski alpin

Mont Saint-Sauveur
350 rue Saint-Denis, mont Saint-Sauveur
☎ 800-363-2426, www.mssi.ca
Année après année, la station du Mont Saint-Sauveur peut se vanter d'être la première à ouvrir ses portes et la dernière à les fermer au Québec.

Ski de randonnée – vélo de plaisance

Parc linéaire Le P'tit Train du Nord
☎ 800-561-6673, www.laurentides.com
Le parc linéaire le plus long d'Amérique offre une aventure de 200 km qui longe lacs et rivières, villages et montagnes.

Voile

Voile Mer et Monde
238 Dufferin, Rosemère
☎ 450-435-8344
L'école de navigation à voile Mer et Monde vous accueille sur le lac Champlain de juin à septembre. Initiations, formations et croisières-vacances; différentes formules adaptées à vos besoins.

ÉPICERIES BIOS

Épicerie Rachelle-Béry
105A rue Guindon, Saint-Sauveur
☎ 450-227-3343

Épicerie naturelle Culi-Santé
401A, chemin de la Grande Côte, Rosemère
☎ 450-965-9004

Fluide bar à jus
1000 ch. des Remparts, Village Mont-Tremblant
☎ 819-681-4681
Épicerie naturelle, toniques à base de produits naturels et jus de fruits et de légumes fraîchement pressés.

Vision Santé
909 rue de Saint-Jovite, Mont-Tremblant
☎ 819-425-7777

ÉPICERIES FINES DU TERROIR

Les Mercredis
199 boul. Labelle, Rosemère
☎ 450-437-3544

Oberoi Escale Gourmande Express
Place Saint-Bernard, Village Mont-Tremblant
☎ 819-681-4555
Épicerie fine, prêt à manger.

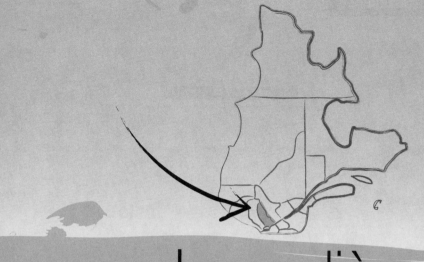

Lanaudière

M éandres de terre et d'eau, la vaste région de Lanaudière s'étend sur un axe nord-sud de plus de 250 km. L'un des premiers cantons de colonisation de la Nouvelle-France, elle est bordée par le fleuve Saint-Laurent au sud et traversée au nord par la chaîne des Laurentides, qui fut classée par le magazine *National Geographic* en mars 2004 au 7e rang mondial des destinations les mieux préservées.

Sillonner la région de Lanaudière, c'est découvrir dans un même périmètre une diversité infinie de paysages, qui lui vaut le surnom de «Québec en miniature». Contrée de lacs et de rivières, de montagnes boisées, de grands espaces sauvages et de riches plaines agricoles, où la culture biologique fait de plus en plus d'émules, Lanaudière étonne par ses contrastes. En automne, la forêt à concentration massive d'érables s'illumine de teintes rouge-orangé pour le plus grand plaisir des yeux. En hiver, les conditions d'enneigement, l'altitude ainsi que la variété des paysages réjouiront les amateurs de plein air en quête d'aventures. Chaque été, pendant 30 jours, le public est convié aux soirées des grandes symphonies puisque Lanaudière est l'hôte du plus important festival de musique classique au Canada, qui a lieu sur le site enchanteur de l'Amphithéâtre de Joliette, du début de juillet au début d'août.

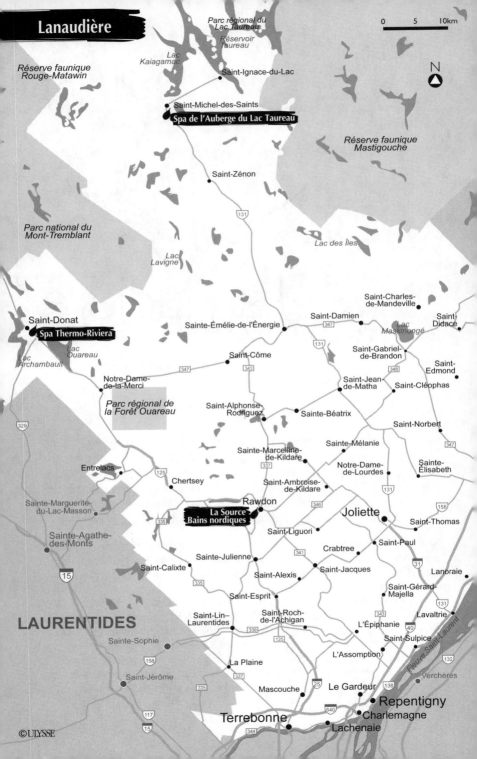

Lanaudière

Parc régional du
Lac Taureau

Réservoir
Taureau

Lac
Kaiagamac

Réserve faunique
Rouge-Matawin

Saint-Ignace-du-Lac

Saint-Michel-des-Saints

Spa de l'Auberge du Lac Taureau

Réserve faunique
Mastigouche

Saint-Zénon

131

Parc national du
Mont-Tremblant

Lac
Lavigne

Lac des Îles

Saint-Charles-
de-Mandeville

Saint-
Didace

Saint-Donat

Spa Thermo-Riviera

Sainte-Émélie-de-l'Énergie

Saint-Damien

347

Lac
Maskinongé

Lac
Ouareau

131

Saint-Gabriel-
de-Brandon

Saint-
Edmond

Lac
Archambault

Saint-Côme

347

343

348

Notre-Dame-
de-la-Merci

Saint-Jean-
de-Matha

Saint-Cléophas

Parc régional de
la Forêt Ouareau

Saint-Alphonse-
Rodriguez

Sainte-Béatrix

Saint-Norbert

329

Sainte-Marcelline-
de-Kildare

337

Sainte-Mélanie

Notre-Dame-
de-Lourdes

347

Sainte-
Élisabeth

Entrelacs

125

Chertsey

Saint-Ambroise-
de-Kildare

131

Sainte-Marguerite-
du-Lac-Masson

Rawdon

346

158

**La Source
Bains nordiques**

Joliette

Saint-Thomas

335

Sainte-Agathe-
des-Monts

Saint-Liguori

Crabtree

Saint-Paul

31

Saint-Calixte

341

Saint-Jacques

Lanoraie

15

Sainte-Julienne

335

Saint-Alexis

Saint-Gérard-
Majella

131

Saint-Esprit

Lavaltrie

343

LAURENTIDES

Saint-Lin–
Laurentides

Saint-Roch-
de-l'Achigan

339

L'Épiphanie

40

Saint-Sulpice

132

Sainte-Sophie

125

L'Assomption

Fleuve Saint-Laurent

Verchères

158

La Plaine

Saint-Jérôme

117

337

Mascouche

25

Le Gardeur

138

Repentigny

15

Terrebonne

640

Charlemagne

344

Lachenaie

©ULYSSE

0   5   10km

N

🌊 La Source Bains nordiques

Dominant la vallée, construit sur le roc du mont Pontbriand, le spa La Source Bains nordiques innove par son architecture «écocontemporaine. Tout de bois et de verre, les bâtiments aux lignes nettes et aux volumes spacieux se répondent et s'harmonisent à la nature environnante: toits en pente, façades en bois de tremble torréfié, immenses baies vitrées, utilisation de la géothermie pour chauffer le site et un nombre incalculable de marches pour enfin atteindre le sommet. Si une petite faim se faisait sentir, le Bistro propose une cuisine légère, savoureuse, à toute heure de la journée.

Soin signature

Massage sportif

Prodigué sur des matelas Tempur, chaque soin débute par l'application de galets chauds. Sous l'effet de la chaleur, stress et tensions se dissipent. Pour redonner vitalité au corps et à l'esprit, du bout des doigts à la plante des pieds, le corps est stimulé par une alternance de manœuvres: pressions, «palper-rouler», mouvements glissés. Regain d'énergie assuré.

Décor 🌢🌢🌢 1/2

Les ➕ *L'architecture écologique ◆ Le couloir de galets chauffés à l'extérieur ◆ L'application de galets chauds en prélude de chaque massage relaxe le corps avec plus de facilité ◆ Le Bistro santé, les verres biodégradables ◆ La salle de conférences qui permet l'équilibre travail-détente ◆ Les vendredis et samedis, les bains sont ouverts jusqu'à minuit.*

Les ➖ *Peu d'espace de repos à l'extérieur ◆ L'odeur des pierres humides dans la grotte du bain vapeur ◆ Le manque de pression des jets dans les bains à remous ◆ Les salles de soins trop étroites ◆ En raison de la philosophie écologique, on s'attend, aux vestiaires, à retrouver des produits pour le corps et les cheveux 100% bio, ce qui n'est pas le cas.*

Autres soins, traitements et services

Massages: pierres chaudes • relaxation • thérapeutique.

Autres services: carte de membre et carte eSPAace • Détente Affaire (location de la salle de conférences multimédia) • le Bistro.

LE SPA EN UN CLIN D'ŒIL

Coordonnées et accès
La Source Bains nordiques
4200 Forest Hill, Rawdon, route 337, ☎450-834-7727, www.spalasource.
com. Ouvert tous les jours.

Installations
2 bains à remous extérieurs – 2 bains froids –1 chute nordique – 1 chute
thermale – 1 bain vapeur sous la grotte – 1 sauna finlandais – 1 foyer extérieur – aires de détente intérieures et extérieures – 5 salles de soins individuels – le Bistro – 1 salle de conférences.

En projet
Un bâtiment intégrant de nouveaux matériaux écologiques, composé de
20 salles de soins, sera érigé au printemps 2008.

Tarifs
Expérience thermique: 35$ – en soirée à partir de 18h: 25$; massages entre
90$ et 135$.

Environnement
Loin des routes principales, en plein cœur d'une forêt, au bout d'un chemin
sans issue. Le spa La Source Bains nordiques est juché sur une colline, et bordé de falaises et de rochers. Soyez en forme car il y a de nombreuses marches
à grimper avant de pousser la porte d'entrée, mais le jeu en vaut la chandelle.

〰 Spa Thermo-Riviera

Au cœur de la forêt, à l'abri des regards, le Spa Thermo-Riviera est un lieu intime, d'une
authenticité simple, tout de bois rond. Pour vous ressourcer au rythme de la nature,
profitez des bienfaits du sauna, du bain bouillonnant avant de plonger dans les eaux
glacées de la rivière Bouillon, pour une revitalisation immédiate. Puis, une pause bien
méritée s'impose en plein air dans le hamac ou au solarium. Ne quittez pas ce lieu sans
profiter d'un soin d'exception.

SOIN SIGNATURE

Massage exotique

À l'étage, dans l'une des cinq salles de soins mansardées, l'ambiance est feutrée. Inventé
par le maître des lieux, ce massage polysensoriel, tonique ou relaxant, débute par des
manœuvres de pétrissage et de drainage. Puis, les gestes sont combinés à la chaleur
des pierres chaudes glissant sur tout le corps. Le rituel se termine par des percussions,

balayages et gestes roulés, doux et fermes, à l'aide de tiges de bambous de tailles et de sons différents. Ce traitement royal soulage le corps de tous les maux, stimule la circulation, élimine les toxines, dénoue et assouplit les muscles raides.

Décor ◗ ◗ 1/2

Les + *La lumière naturelle dans chacune des salles ◗ Des soins originaux et de très haute qualité ◗ L'accès au bain et les massages pour enfants ◗ Les massages sous les tentes au bord de la rivière et sur les pontons de bateaux privés (période estivale) ◗ La baignade en rivière.*

Les − *Les bains à remous extérieurs «familiaux» ne sont pas encastrés dans la terre ◗ Les vestiaires ◗ Le droit d'entrée aux bains n'inclut pas les serviettes ou peignoirs ◗ L'entrée aux bains sur réservation seulement ◗ L'absence de bain vapeur.*

AUTRES SOINS, TRAITEMENTS ET SERVICES

Massages: étrique et reiki • express • femme enceinte • kinésithérapie • l'Escalade du guerrier, l'Ascension du chaman • suédois aux pierres chaudes et froides.

Soins du corps: enveloppement à la boue de Heilmoor ou aux algues • exfoliation corporelle extrait de luffa, bois de rose et géranium • soin du dos.

Soin du visage: comprenant exfoliation, masque, massage aux pierres chaudes et crème hydratante.

Épilation • soin des pieds.

LE SPA EN UN CLIN D'ŒIL

Coordonnées
Spa Thermo-Riviera
219 chemin Fusey, Saint-Donat, route 125, ☎866-424-1333,
www.spa-thermoriviera.com. Ouvert du mardi au dimanche sur réservation.

Installations
2 bains à remous extérieurs – baignade en rivière en toutes saisons – 1 sauna finlandais – 1 solarium – aire de repos – 4 salles de soins individuels – 1 salle de soins duo.

Tarifs
Expérience thermique (sur réservation seulement): 30$ pour adultes, 20,50$ pour enfants; soins entre 55$ et 130$.

Environnement
Chalet de bois rond, situé à proximité du centre de ski La Réserve et bordé par la rivière Bouillon, dans une forêt de conifères et de cèdres.

🏠 Spa de l'Auberge du Lac Taureau

Loin de la civilisation, entre lacs et cimes, l'ambiance est ici chaleureuse et attentionnée. Plantes biologiques, argile canadienne, par respect et authenticité des traditions, différents soins et produits s'inspirent des rites amérindiens. Ode aux richesses naturelles des forêts québécoises.

Membre Spas Relais Santé Certifiés

SOINS SIGNATURE

Enveloppement corporel amérindien à l'argile Cayenne

Appliqué au pinceau, le masque d'argile rouge chaude, naturellement riche en oligo-éléments, favorise la microcirculation et redonne de la luminosité à la peau. Afin d' optimiser les bienfaits, le corps est enveloppé dans une couverture chauffante. Pendant la pause, un massage du cuir chevelu et du visage apaise. La relaxation se poursuit dans le bain hydromassant. Pour terminer le soin, une crème hydratante est appliquée.

Massage apaisant amérindien

Ce soin relaxant, aux effets hydratants, purifiants et drainants, est prodigué avec une huile de pépins de raisins enrichie d'un cocktail de trois plantes québécoises biologiques et d'huile essentielle de genévrier. Un plaisir pour tous les sens.

Décor ◢◢◢

Les ✚   *En été, offrez-vous un massage sous un tipi ou au sommet du mirador et profitez du bruissement des feuilles ou d'une vue aérienne ◢ Certaines salles de soins profitent de la lumière naturelle ◢ Une ligne de soins amérindiens à base de plantes québécoises (reine des prés, lierre et calendula) de culture biologique.*

Les ▬   *La salle de détente trop exiguë fait office également de salle de repos pour les séances de pressothérapie ◢ Les bains n'étant pas connexes aux salles de soins, la détente en est affectée ◢ Les vestiaires ne sont pas réservés uniquement à la clientèle du spa.*

Autres soins, traitements et services

Massages: drainage lymphatique • enfant • femme enceinte • fleurs de cabosse • réflexologie • sous la pluie • sous tipi • sur chaise.

Soins du corps: balnéothérapie • enveloppement corporel au cacao et soya • exfoliation au cacao et soya Fleurs de Cabosse • pressothérapie • sablage sous la pluie.

Soins du visage: ado • anti-âge • masculin • personnalisé.

Beauté des mains • beauté des pieds • épilation.

Activités complémentaires: piscine et bain à remous intérieurs • sauna.

Canot • équitation • kayak • patinage • pêche • rabaska • randonnée pédestre • ski de fond • survol en hydravion • traîneau à chiens, etc.

Hébergement – Gastronomie

Coordonnées
Auberge du Lac Taureau
1200 chemin Baie du Milieu, Saint-Michel-des-Saints; route 131; ☎877-822-2623
www.lactaureau.com

Type
Auberge champêtre luxueuse.

Membre du réseau Hôtellerie Champêtre

Décorés avec beaucoup de goût, les «condos» et suites du Lac Taureau, tout équipés, proposés sur un ou deux étages, sont un véritable complément à l'hôtel. Entre amis, en duo ou en famille, ces espaces conviviaux, luxueux, sans être ostentatoires, offrent une vue imprenable sur le lac. Chacune des autres chambres garantit le même charme champêtre. Construite en rondins de pins rouges, cette authentique auberge, à l'ambiance «chalet de montagne chic», a tout prévu pour vous faire bénéficier d'un séjour 100% détente. Par des galeries intérieures, vous avez accès à tous les services de l'hôtel (piscine, sauna, salon). Côté restaurant, découvrez une cuisine respectueuse des produits du terroir et rehaussée d'une touche créative. Aux fins connaisseurs comme aux amateurs, le sommelier se fera un plaisir de leur suggérer un vin en accord avec les mets choisis.

LE SPA EN UN CLIN D'ŒIL

Coordonnées
Spa de l'Auberge du Lac Taureau
1200 chemin Baie du Milieu, Saint-Michel-des-Saints, route 131
☎877-822-2623, www.lactaureau.com

Installations
6 salles de soins individuels –1 suite de soins duo – 1 salle de soins sous la pluie – 2 salles de balnéothérapie – 1 salle de détente – 2 tipis.

Projet
Réaménagement du spa dès 2009.

Tarifs
Soins entre 50$ et 105$.

Environnement
Auberge en bois rond entourée de forêt et de sable fin, à perte de vue, et en retrait du village, d'où cette impression d'être seul au monde.

ACTIVITÉS DE PLEIN AIR DANS LA RÉGION

Baignade – kayak de mer – randonnée pédestre

Parc régional du Lac Taureau
44 rue Brassard, Saint-Michel-des-Saints
☎ 450-833-6941, www.matawinie.org
Partez à l'aventure seul ou entre amis pour explorer les nombreuses îles sauvages et baies cachées de cet immense plan d'eau.

Balades à cheval – canot – expédition en traîneaux à chiens

Aventures Makwa
Rawdon
☎ 888-776-2592, www.makwa.net
Guides nature, voyage et culture. Vivez l'expérience d'une nuit sous la yourte.

Équitation

Centre équestre de la Rivière Noire
2581 route 125 N., Saint-Donat
☎ 877- 844-4224, www.rivierenoire.com
Randonnées, pensions, cours d'initiation. Le Centre équestre de la Rivière Noire s'est donné pour mission, depuis plus de 10 ans, de rendre l'équitation accessible à tous. Balades en forêt dans un décor à couper le souffle.

Équitation – traîneaux à chiens

Évasion Nature
1160 des Aulnaies, Saint-Michel-des-Saints
☎ 450-833-1462, www.evasionnature.com
À travers des kilomètres de sentiers sauvages, laissez-vous guider pour quelques heures ou quelques jours dans une aventure inoubliable.

Parcours d'aventure en forêt

Arbraska
4131 rue Forest Hill, Rawdon
☎ 877-886-5500, www.arbraska.com
Au cœur du parc verdoyant de Rawdon, découvrez huit parcours originaux et respectueux de la nature, imaginés et conçus pour petits et grands aventuriers. Cette balade au sommet se fait à l'aide de tyroliennes, de filets à grimper, de lianes, de passerelles, sur des parois rocheuses... Un bol d'air pur tout en sensations.

Saut en parachute

Voltige 2001
4680 route Principale, Notre-Dame-de-Lourdes
☎ 450-752-0385, www.voltige2001.net
Saut en tandem, formation et vol en solo. L'école Voltige 2001 vous fera vivre une expérience inoubliable, à couper le souffle: une chute libre d'une hauteur de 900 étages à plus de 200 km/h. Tout en douceur.

Randonnée pédestre – raquette

Sentier national
☎ 800-264-5441, www.matawinie.org
Dans sa portion lanaudoise, le Sentier national traverse le territoire d'ouest en est sur plus de 180 km. Ce parcours, tout en vallons, vous fera découvrir une nature sauvage, des paysages diversifiés et certains parcs régionaux.

Randonnée pédestre

Parc des chutes Dorwin
Rawdon
☎ 450-834-2282, www.destinationrawdon.com
En bordure de la rivière Ouareau, parcourez plus de 3 km de sentiers écologiques, Observez la flore indigène, admirez le spectacle grandiose des chutes d'une

hauteur de 18 m et laissez-vous séduire par la légende amérindienne du sorcier Nipissingue. Un site enchanteur.

Ski alpin – ski de randonnée – planche à neige – raquette

Centre de ski La Réserve
56 ch. du Mont La Réserve, Saint-Donat
☎819- 424-1373, www.ski-la-reserve.com
À tous les passionnés de neige abondante, le centre de ski La Réserve vous garantit de belles surprises.

Vélo de montagne

À partir du stationnement du parc des Pionniers, Saint-Donat
☎819-424-2833, www.saint-donat.ca
Entre monts et vallées, une randonnée d'environ 38 km relie Saint-Donat à la gare du P'tit Train du Nord, à Sainte-Agathe, dans la région des Laurentides.

Voile

Club École de Voile du Lac Taureau
521 rue Brassard, Saint-Michel-des-Saints
☎450-833-1384, www.voiletaureau.qc.ca
Camp de jour ou programmes de formation, l'école de voile saura répondre à vos besoins.

Vol libre

École Visionair
6952 Wippowill, Rawdon
☎450-834-8821
Du vol découverte au brevet, le parapente vous permet d'admirer des panoramas grandioses vus du ciel.

ÉPICERIES BIOS

Alimentation naturelle
433 rue Saint-Viateur, Joliette
☎450-753-4431

Aliments Naturels Rawdon
3656 rue Queen, local 2, Rawdon
☎450-834-4888

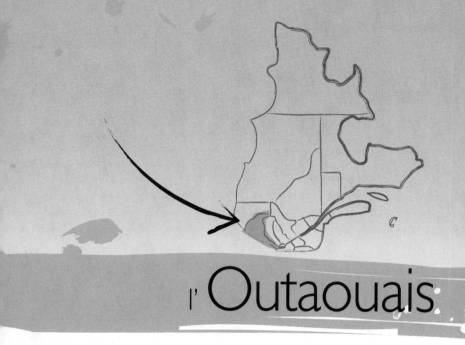

l'Outaouais

Le nom «Outaouais», qui signifie «acheter et vendre», tire son origine d'une tribu algonquine qui occupait le territoire avant la colonisation. Située à l'extrême sud-ouest du Québec, la région de l'Outaouais, immense, riche et patrimoniale, constellée de quelque 20 000 lacs, d'une douzaine de rivières et autres beautés naturelles, captive les amants de la nature toutes saisons confondues. Après une escapade en forêt, accédez aisément à la vie citadine de Gatineau: galeries d'art, théâtres, casino, musées dont le Musée canadien des civilisations et restaurants gastronomiques, pour découvrir de nouvelles facettes de cette région dynamique. L'Outaouais vous réserve d'agréables moments en amoureux ou en famille. Montez à bord de la plus ancienne locomotive à vapeur du Canada, la 909, et, tout comme les pionniers du début du XXe siècle, prenez place à bord du train, confortablement installé, pour un trajet de 64 km en bordure du magnifique parc de la Gatineau, entre la ville de Gatineau et le bucolique village de Wakefield, en compagnie de guides interprètes et de musiciens. Une délicieuse et mémorable excursion.

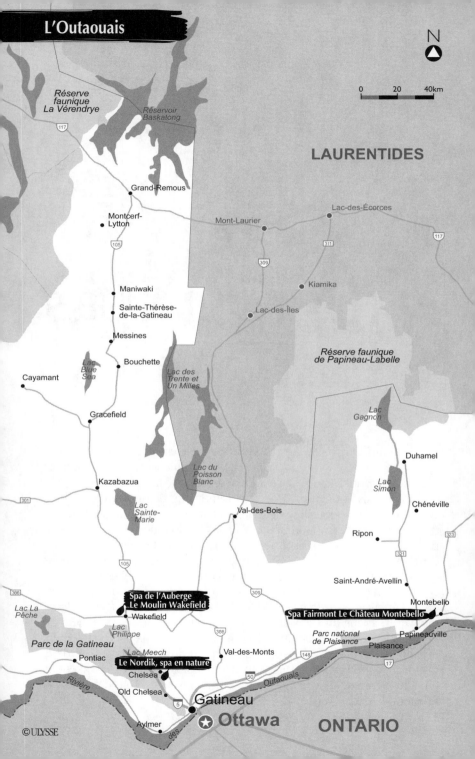

L'Outaouais

N

0   20   40km

Réserve
faunique
La Vérendrye

Réservoir
Baskatong

LAURENTIDES

117

Grand-Remous

Montcerf-
Lytton

Lac-des-Écorces

Mont-Laurier

117

105

311

309

Maniwaki

Sainte-Thérèse-
de-la-Gatineau

Kiamika

Messines

Lac-des-Îles

Lac
Blue
Sea

Bouchette

Cayamant

Lac des
Trente et
Un Milles

Réserve faunique
de Papineau-Labelle

Gracefield

Lac
Gagnon

Duhamel

Kazabazua

Lac du
Poisson
Blanc

Lac
Simon

Chénéville

301

Lac
Sainte-
Marie

Val-des-Bois

Ripon

323

321

Saint-André-Avellin

366

Spa de l'Auberge
Le Moulin Wakefield

Montebello

Lac La
Pêche

309

Spa Fairmont Le Château Montebello

Wakefield

Papineauville

Lac
Philippe

366

Parc national
de Plaisance

Plaisance

Parc de la Gatineau

Lac Meech

Val-des-Monts

148

17

Pontiac

Le Nordik, spa en nature

Chelsea

50

Outaouais

Old Chelsea

5

Gatineau

Rivière

Ottawa

Aylmer

des

ONTARIO

© ULYSSE

♨ Le Nordik, spa en nature

Tout est paisible et feutré dans ce spa en pleine nature, aux accents contemporains de bois et de pierres rectangulaires. Le soir venu, confortablement installé dans l'un des canapés de la mezzanine, laissez-vous tenter par une assiette de tapas ou une sélection de fromages, accompagnée d'une boisson non alcoolisée, d'un bon verre de vin ou d'un porto millésimé.

Soin signature

Massage aux pierres volcaniques

La lumière du jour tamise la pièce décorée de branches de bouleau d'où se dégage une atmosphère de silence et de rêverie. Plus qu'un simple massage aux pierres volcaniques, le soin offert par Brigitte est très personnalisé. Pressions, balancements et torsions, ses mains s'appliquent à faire disparaître comme par enchantement chaque point de tension laissant le corps retrouver un rythme nouveau et apaisé.

Décor ♦♦♦

Les **+** *Le bain d'eau tempérée ♦ Le sauna chauffé de façon traditionnelle au feu de bois ♦ Les salles de massage avec vue sur la nature ♦ L'aménagement de la seconde phase (bain à remous extérieur, chute nordique et hamacs) permet de s'isoler des activités centrales ♦ La salle de détente avec les coussins rouges pour s'allonger et faire une petite sieste ♦ Les bacs de recyclage sur le site.*

Les **−** *Contrairement à la deuxième phase, l'agencement de la première phase du site n'offre pas assez d'intimité (les bains sont trop rapprochés) ♦ Les dalles extérieures ne sont pas suffisamment chauffées.*

Autres soins, traitements et services

Massages: californien • suédois • yoga thaï.

Autres services: carte corporative ou carte de membre • forfaits détente et gourmandises • passeport 10 accès • *lodge* tout équipé pour réunions corporatives et retraites (capacité de 15 à 30 personnes).

LE SPA EN UN CLIN D'ŒIL

Coordonnées
Le Nordik, spa en nature
16 chemin Nordik, Chelsea; autoroute 5 N., sortie 12, chemin Old Chelsea
☎866-575-3700, www.lenordik.com

Installations
2 bains à remous extérieurs – 2 chutes et bassins nordiques – 1 bain froid tempéré à 14°C – 1 bain vapeur – 1 sauna finlandais – 1 foyer extérieur – aires de détente intérieures et extérieures – 1 mezzanine – 15 salles de soins individuels – 2 salles de soins duo – 1 *lodge* tout équipé pour réunions corporatives et retraites (capacité de 15 à 30 personnes).

Projet
Construction de 30 à 50 «condominiums-hôtels écologiques», certifiés LEED, au début de 2009.

Tarifs
Expérience thermique: 37$; massages entre 95$ et 145$. Ouvert toute l'année de 9h à 23h.

Environnement
Aux abords du parc de la Gatineau, à seulement 10 min du centre-ville de Gatineau, le spa Le Nordik se love entre des parois rocheuses et des boisés, à l'abri des regards indiscrets.

Spa Fairmont Le Château Montebello

Le spa ouvre ses portes sur une magnifique piscine intérieure de 24 m, un décor grandiose de pierres et de plafonds sans fin. Inspiré des quatre éléments originels – l'air, le feu, l'eau et la terre –, il privilégie des matériaux nobles sans clinquants et une ambiance feutrée qui incite à la paresse et à la détente. Le corps emmitouflé d'une couverture verte, symbole du spa en hommage à la beauté naturelle environnante, le silence est d'or.

SOINS SIGNATURE

Soins couvertures vertes en duo

Le feu crépite dans l'âtre de la cheminée, les persiennes coulissantes laissent filtrer les derniers rayons du soleil, une pierre de jade de couleur verte – rappel chic de la couleur fétiche du Spa Fairmont Le Château Montebello – est déposée sur chacune des deux tables qui trônent au cœur de la pièce. L'ambiance est amoureuse. Pour éliminer particules et autres cellules mortes, le soin débute par une douce exfoliation aux grains de riz. Puis vous plongez dans la chaleur d'un bain carré et profond comme à Tokyo. S'ensuit un enveloppement au beurre d'érable, riche et onctueux, laissant sur la peau un parfum de bonbon. Pendant ce temps de repos, un léger massage du cuir chevelu vous fait oublier les soucis de la vie. En finale, les yeux recouverts d'un bandeau qui sent bon la lavande, les pétales de rose et la menthe poivrée, la thérapeute applique un lait corporel au beurre d'érable combinant manœuvres fluides et pressions plus profondes pour une meilleure relaxation. La peau est souple et hydratée.

Décor ♦ ♦ ♦ ♦

Les ✚ *L'accueil chaleureux et distingué ♦ La salle de détente confortable par sa taille et chaleureuse par la place du foyer (une mini-reproduction de l'immense âtre à l'entrée de l'hôtel) ♦ Les couettes de plumes d'oies recouvrent les tables de massage ♦ Les dimensions généreuses des salles ♦ Les pédicures offertes sur la terrasse en période estivale ♦ La beauté de la suite pour couples avec son bain japonais, son foyer et sa spacieuse douche pour deux ♦ La possibilité de commander un menu-spa.*

Le ─ *Le vestiaire trop exigu.*

AUTRES SOINS, TRAITEMENTS ET SERVICES

Massages: accent sur les pieds • aux pierres • relaxation • sportif.

Soins du corps: balnéothérapie • bronzage corporel • exfoliation au sucre d'érable, essentiel marin • Radiance de la mer • rétablissement des muscles et des articulations.

Soins du visage: actif et thérapeutique contre le vieillissement • apaisant pour peau sensible • glycolique extra en profondeur • pour hommes • pour le golf.

Manucure et pédicure.

Activités complémentaires: piscine et bain à remous intérieurs • centre de conditionnement physique • croquet • curling • école Land Rover • équitation • golf • randonnée • sauna • ski de fond, etc.

HÉBERGEMENT - GASTRONOMIE

Coordonnées
Fairmont Le Château Montebello
392 Notre-Dame, Montebello; route 148; ☎819-423-6341, www.fairmont.com

Type
Hôtel luxueux. Château en rondins de cèdre rouge.

En bordure de la rivière des Outaouais, la route des premiers voyageurs, au cœur d'un domaine prestigieux de quelque 26 300 ha, cette adresse de légende se fond dans le décor. Empreint d'élégance et de rusticité seigneuriale, le bâtiment en forme d'une étoile à six pointes, construit en 1930 avec 10 000 poutres de cèdre rouge – la plus grande construction en bois rond au monde –, est un joyau exceptionnel d'une architecture des plus attrayantes et impressionnantes. L'immense foyer qui trône dans l'entrée tel un trophée ne laisse personne indifférent, les collections de photographies en noir et blanc accrochées au mur rappellent le temps qui passe. Pour parfaire votre séjour, dégustez une cuisine légère et savoureuse, riche en produits régionaux et bios. Politique verte oblige: la cuisine composte et recycle. Le chef a son propre jardin de fines herbes.

LE SPA EN UN CLIN D'ŒIL

Coordonnées
Spa Fairmont Le Château Montebello
392 Notre-Dame, Montebello; route 148; ☎819-423-6341, www.fairmont.com

Installations
6 salles de soins individuels – 1 suite pour couples – 1 salle de balnéothérapie – 1 salle manucure/pédicure.

Tarifs
Soins entre 59$ et 179$.

Environnement
Au cœur d'un domaine prestigieux de 26 300 ha, Fairmont Le Château Montebello, réputé pour son charme rustique et élégant, est l'un des plus importants centres de villégiature au Québec. Situé à flanc de montagne, à proximité de la réserve faunique privée Fairmont Kenauk. En bordure de la rivière des Outaouais, au cœur d'une nature sauvage et généreuse.

🔺 Spa de l'Auberge Le Moulin Wakefield

Construit dans l'ancien moulin, le spa est un modèle unique, un lien entre le passé et le présent. Murs de pierres centenaires, finition naturelle en érable canadien, accentuée de couleurs plus chaudes, ce spa de dimension humaine offre aux invités un dépaysement assuré. Avant ou après vos soins, profitez de la cuve thermale installée sur le belvédère qui offre une vue panoramique des chutes MacLaren.

Soins signature

Massage suédois

Un soin combinant à la fois gestes appuyés pour dénouer les tensions accumulées et mouvements fluides plus relaxants.

Soin visage pour contrer les effets du vieillissement

Dans le but d'éliminer les points de stress, une boue autochauffante aux actifs marins naturels est appliquée sur le dos. La véritable remise en beauté commence par le protocole complet d'un soin facial (nettoyage, gommage, lotion, cire de massage eau marine, *lift* antiride, masque d'argile et crème). Un massage des mains et du cuir chevelu permet de décupler la sensation de détente. En sortant, la peau est douce et tonifiée.

À éviter en cas d'allergies à l'iode, aux fruits de mer et aux algues.

Décor ♦ ♦ ♦

Les ➕ *La beauté du paysage ♦ La cuve thermale à l'extérieur.*

Les ➖ *Les vestiaires minuscules ♦ Des soins trop classiques.*

Autres soins, traitements et services

Massages: californien • reiki.

Soins du corps: enveloppement de détoxication • hydratant essentiel de la mer • revitalisant.

Soins du visage: hydratant essentiel de la mer • ogénage • oxygène • pour peaux sensibles et réactives • soins pour hommes.

Manucure et pédicure.

Autres services: détente-travail (salle de conférences tout équipée).

Activités complémentaires: équitation • excursion en train à vapeur • randonnée pédestre • raquette • ski de fond • vélo de montagne.

Hébergement — Gastronomie

Coordonnées
Auberge Le Moulin Wakefield
60 chemin Mill, Wakefield, route 105 N., ☎888-567-1838
www.wakefieldmill.com

Type
Auberge champêtre luxueuse.

Membre du réseau Hôtellerie Champêtre

Dans cet ancien moulin à farine datant de 1838 se cache une charmante auberge aux accents anglo-saxons, empreinte d'une âme singulière. On s'y sent comme chez soi. Les chambres au mobilier naturel sont confortables et les planchers d'origine – il y a un bac de recyclage dans chaque chambre. En fin d'après-midi, s'isoler au salon pour jouer une partie de billard, s'adonner à la lecture ou encore pianoter quelques notes suspend le temps. Avant de regagner, le soir venu, le solarium du restaurant, avec vue sur un paysage brut, où le chef exécute avec brio un menu tout en finesse et en goût (finaliste des Grands Prix du tourisme de l'Outaouais 2007). La grande majorité des produits sont régionaux et biologiques. Tous les sens sont en émoi. Le service est impeccable et discret. Mention spéciale pour le brunch du dimanche.

LE SPA EN UN CLIN D'ŒIL

Coordonnées
Spa de l'Auberge Le Moulin Wakefield
60 chemin Mill, Wakefield, route 105 N., ☎888-567-1838
www.wakefieldmill.com

Installations
2 salles de soins individuels – 2 salles de soins duo – 1 salle pédicure/manucure – 1 cuve thermale – 4 salles de réunion.

Tarifs
Soins entre 50$ et 105$.

Environnement
En pleine campagne, installé sur les terres du parc de la Gatineau, le spa offre une vue imprenable sur les chutes, la forêt et les collines environnantes.

ACTIVITÉS DE PLEIN AIR DANS LA RÉGION

Baignade – canot – kayak – randonnée pédestre – vélo

Parc national de Plaisance

1001 ch. des Presqu'Îles, Plaisance

☎800-665-6527, www.sepaq.com

Le parc national de Plaisance est l'un des derniers-nés des parcs du Québec. Ouvert de mai à octobre, il dévoile ses îles, presqu'îles et marais. Hébergement sous la yourte.

Canot – kayak – pédalo – baignade – randonnée pédestre – raquette – ski de fond – vélo

Parc de la Gatineau

33 chemin Scott, Chelsea

☎800-465-1867, www.capitaleducanada.gc.ca

À 15 min du centre-ville, le parc de la Gatineau est le lieu privilégié des amoureux de plein air. À l'extrémité nord, retrouvez la belle plage de sable du lac Philippe et la caverne Lusk.

Canot rabaska – kayak de mer

Évasion Plein Air Outaouais

Gatineau

☎866-643-1911, www.evasionpleinair.com

Spécialiste des randonnées et excursions guidées sur les lacs et rivières de l'Outaouais, accessible à tous, et combinant découverte et exploration des paysages sur les plans faunique, floral, historique et géographique.

Canot voyageur – kayak de mer

Blanchon Aventure

Chelsea

☎819-827-8265, www.aventure-nord-ouest.com

Plongez dans l'histoire à travers des expéditions et des excursions qui vous permettront de vivre une expérience riche avec les gens, la terre et le passé de la région de l'Outaouais.

Descente de rivière

Bonnet Rouge Rafting

215 ch. Rivière Gatineau, Sainte-Thérèse-de-la-Gatineau

☎888-449-3360, www.bonnetrougerafting.com

Dans un environnement enchanteur offrant l'un des plus beaux panoramas de la rivière Gatineau, vous vivrez une expérience de rafting inoubliable. Le Site Plein Air Le Bonnet Rouge comprend également un camping rustique.

Équitation

Captiva Farms

189 ch. de la Montagne, Wakefiled

☎877-459-2769, www.captivafarms.com

Quarante kilomètres de sentiers vous attendent à travers montagnes et collines.

Parcours d'aventure en forêt – spéléologie – raquette

Aventure Laflèche

255 route Principale, Val-des-Monts

☎877-457-4033, www.aventurelafleche.ca

Vous pouvez survoler un lac à plus de 30 m d'altitude et sur plus de 200 m. Au total, plus de 82 ponts suspendus à la cime des arbres. En véritable explorateur, offrez-vous un voyage souterrain unique dans la plus grande caverne du Bouclier canadien. L'hiver venu, profitez des 10 km de sentiers pédestres. Après ces journées en pleine nature, relaxez-vous près du foyer tout en vous délectant d'une tasse de chocolat chaud.

Parcours d'aventure en forêt

Forêt de l'aigle

1 ch. Black Rollway, Cayamant

☎866-449-7111, www.cgfa.ca

Randonnée pédestre sur le plus long sentier suspendu au Canada, au cœur de l'un des plus importants massifs de pins blancs d'origine naturelle du Québec. Une excursion écotouristique pour voir la forêt autrement. D'autres activités telles que l'équitation, le canot, le kayak, la randonnée, la raquette, etc., vous sont proposées. Hébergement en chalets rustiques proposé sur le site.

Patin à glace

Patinoire du canal Rideau
☎ 800-465-1867, www.capitalducanada.gc.ca
Trésor patrimonial, le canal Rideau devient chaque hiver la plus grande patinoire au monde.

Traîneau à chiens

Expéditions Radisson
721 ch. de la Rivière, Wakefield
☎ 888-459-3860, www.expeditionsradisson.com
Dans l'arrière-pays de Gatineau, une expédition inoubliable pour un, deux ou trois jours.

Vélo

Le Sentier de la capitale
☎ 800-465-1867, www.capitalducanada.gc.ca
Les villes de Gatineau et d'Ottawa offrent ensemble l'un des plus vastes réseaux cyclables d'Amérique du Nord, soit plus de 170 km de sentiers récréatifs.

ÉPICERIES BIOS

La boîte à grains
325 boul. Gréber, Gatineau
☎ 819-243-3002
581 boul. Saint-Joseph, Gatineau
☎ 819-771-3000, www.laboiteagrains.com

La mère nature
141 ch. de la Savane, Gatineau
☎ 819-561-5036

Sol Aliments naturels
186 av. de la Colline, Gatineau
☎ 819-684-0512

ÉPICERIES FINES DU TERROIR

La Trappe à fromage de l'Outaouais
114 boul. Saint-Raymond, Gatineau
☎ 819-243-6411

Les papilles gourmandes
256 boul. Saint-Joseph, Gatineau
☎ 819-595-2439

SALON DE THÉ

Miss Chocolat
173 promenade du Portage, Gatineau
☎ 819-775-3499, www.misschocolat.com

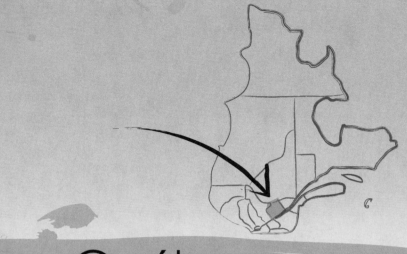

Québec ville et région

L e mot de souche algonquine *Kebec*, qui signifie «là où la rivière se rétrécit», est à l'origine du nom de la ville de Québec, où le cap Diamant surplombe le fleuve Saint-Laurent. À cet endroit, le fleuve ne fait qu'un kilomètre de large. Haut rocher de 98 m, le cap Diamant se prêta très tôt aux travaux de fortification. Surnommée le «Gibraltar de l'Amérique du Nord», Québec est aujourd'hui la seule ville fortifiée d'Amérique au nord de México. Berceau de la Nouvelle-France, ses rues pavées et étroites, ses somptueuses résidences et ses bâtiments de pierres rappellent certaines villes portuaires françaises. Sa richesse patrimoniale et architecturale fut d'ailleurs reconnue en 1985 par l'UNESCO. À proximité de la ville apparaissent de charmants villages, avec leur cortège d'activités et d'attraits à faire rêver tous les amateurs de plein air, comme l'île d'Orléans et la vallée de la Jacques-Cartier. Débordant de restaurants gastronomiques, de gîtes et d'auberges au charme centenaire, la capitale nationale du Québec, qui fête son 400ᵉ anniversaire en 2008, sait plaire à tous. Été comme hiver, de nombreux événements culturels, festivals, spectacles et expositions s'y succèdent.

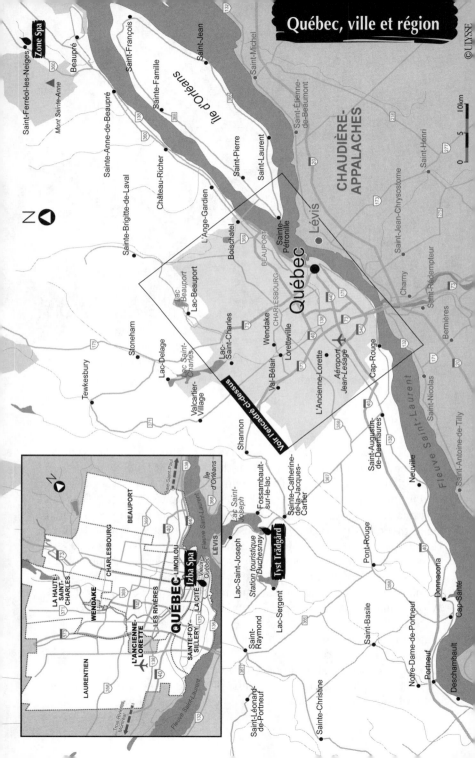

Québec, ville et région

© ULYSSE

Izba Spa

(isba: maison russe traditionnelle construite en bois)

Une fois le seuil franchi, le regard se perd dans cette maison centenaire. Décor d'une autre époque, héritage de la Renaissance italienne, élégant, soigné, accentué par les rondeurs, les marbres, les stucs vénitiens, les tentures en velours rouge et or. Le temps semble ralentir dans ce lieu unique en son genre.

Soin signature

Izba Royal

Allongé sur la banquette supérieure du sauna, pendant quelques minutes, le corps apprivoise en douceur la chaleur, muscles et esprit se relâchent. Le soin débute par une friction au gant pour éliminer les impuretés. Pour favoriser la purification, des huiles essentielles de lavande et d'eucalyptus sont ajoutées à l'eau, puis versées sur les pierres. Cette vapeur odorante favorise la détente et décongestionne les voies respiratoires. Après plusieurs minutes, la thérapeute fouette énergiquement, sans douleur, la partie postérieure du corps avec un bouquet de feuilles de bouleau (le *venik*), ramollies par l'eau chaude, afin de stimuler la circulation sanguine. S'ensuit une application sommaire de miel aux vertus antiseptiques et cicatrisantes. Puis, un bref passage avec ce même bouquet, trempé cette fois-ci dans l'eau froide pour refermer les pores de peau. À l'issue du cérémonial du bania ou banya (bain de vapeur russe), place à l'hydrothérapie: alternance de bain chaud et froid. Le massage suédois personnalisé, qui conjugue effleurages, pétrissages et pressions, à la fois relaxant et réparateur, clôt le traitement. En sortant, vous vous sentez vivifié, léger et serein.

Décor 🌢🌢🌢🌢 1/2

Les **+** *Les vestiaires sont complétés par un sauna, un bain à remous et une douche suédoise ◢ La qualité du massage ◢ La noblesse des matériaux ◢ Le dépaysement et l'attention portée aux détails ◢ L'espace réservé au rituel du bania (bain à remous privé, bassin d'eau froide, salle de massage) est spacieux et somptueux ◢ L'intendante est aux petits soins.*

Les **–** *Le rituel du bania à l'intérieur du sauna est exécuté de façon trop hâtive ◢ Les salles de soins ne reçoivent pas de lumière naturelle.*

Autres soins, traitements et services

Massages: Amma • pierres chaudes • drainage lymphatique • énergisant • réflexologie • sportif.

Soins du corps: cure cellulite • enveloppement aux algues, boue au chocolat, eau de mer, tri-actif • pressothérapie • sablage aux algues • soin du décolleté, du dos • traitement pour la fermeté du buste • vacuodermie.

Soins du visage: anti-âge • beauté visage homme • éclaircissant • équilibrant peaux sensibles • hydratation • oxygénant • réparateur pour peaux grasses et impures • soin contour des yeux.

Beauté des mains et des pieds • électrolyse • épilation • maquillage • pose d'ongles • soins solaires.

Autres services: institut de formation Izba Spa • conférences • forfaits travail-détente: luxueuse salle multimédia donnant accès à une terrasse (capacité de 20 personnes) avec service de traiteur.

LE SPA EN UN CLIN D'ŒIL

Coordonnées
Izba Spa
36 boul. René-Lévesque E., Québec, ☎418-522-4922, www.izbaspa.qc.ca

Installations
8 salles de soins individuels – 2 salles de soins duo – 2 suites «Bania» comprenant sauna et espaces d'hydrothérapie (bain à remous et bassin d'eau froide) – 3 stations pédicure/manucure – 1 bain à remous sur la terrasse – 1 salle de conférences.

Projet
Ouverture prévue pour la fin de décembre 2007 à l'hôtel Le Crystal de la Montagne, 1100 rue de la Montagne, Montréal, ☎514-841-0444, www.crystaldelamontagne.com

Tarifs
Soins entre 60$ et 135$.

Environnement
Après votre soin, vous serez libre, pour quelques dollars supplémentaires, de prendre un bain de soleil ou de relaxer dans le bain à remous sur la terrasse.

Situé au cœur de la ville, à quelques minutes à pied du Grand Théâtre de Québec, des plaines d'Abraham et de l'agréable rue Cartier, si appréciée pour ses boutiques, ses épiceries fines et ses restaurants.

〰 Tyst Trädgård

«Jardin de détente» en langue suédoise, ce spa, situé au sein de la Station touristique Duchesnay, au cœur d'un havre de verdure, dispose d'espaces d'hydrothérapie, de saunas et de pavillons thématiques parsemés ici et là. Au choix, la grotte de méditation, les temples africain, égyptien ou chromatique. Une expérience à s'offrir à deux.

SOIN SIGNATURE

Forfait Aventure

Bains d'eau chaude et froide à l'extérieur en passant par le sauna, ce préambule d'une durée de 60 min est suivi d'un gommage aux sels de mer parfumés aux essences de café, noix de coco ou canneberges (exécuté de façon individuelle). Nettoyée de ses impuretés et assouplie, la peau est prête à recevoir le massage à l'huile. Mouvements doux ou profonds, lents ou toniques, ce soin dénoue les tensions, stimule la circulation, assure une détente réparatrice.

Avant de quitter, dégustez un en-cas santé et un thé parfaitement infusé en contemplant le paysage par les immenses baies vitrées.

Décor ♦♦♦

Les **+** *La séance d'hydrothérapie avant le massage (alternance sauna, bain à remous chaud; bassin ou chute d'eau froide) d'une durée de 60 min ♦ L'approche personnalisée ♦ Le pavillon de chromothérapie ♦ Les serviettes, peignoirs, sandales et bouteilles d'eau sont fournis ♦ L'en-cas santé et le thé parfaitement infusé en fin de journée.*

Les **—** *Le gommage n'est pas pris en charge par les thérapeutes, chacun l'applique individuellement ♦ Les thérapeutes attendent les invités à l'intérieur du pavillon, derrière des rideaux; cela nuit à la relaxation en fin de soin ♦ Les pavillons ne bénéficient pas de lumière naturelle ♦ Les dalles à l'extérieur ne sont pas chauffées —L'aménagement des stations d'hydrothérapie est trop linéaire ♦ L'odeur du chlore à l'intérieur des bains.*

AUTRES SOINS, TRAITEMENTS ET SERVICES

Réservation d'une station ou de l'espace d'hydrothérapie (à compter de 13 personnes) pour une séance d'une ou deux heures.

Activités complémentaires: au cœur de la Station touristique Duchesnay, de nombreuses activités comme la baignade, le canot, le parcours d'aventure en forêt, la randonnée pédestre, le ski de fond, etc., sont proposées.

LE SPA EN UN CLIN D'ŒIL

Coordonnées
Tyst Trädgård
143 route Duchesnay, Sainte-Catherine-de-la-Jacques-Cartier
☎418-875-1645, www.tysttradgard.com

Installations
2 bains à remous extérieurs – 2 chutes et bassins froids – 2 murs d'eau froide – 2 saunas finlandais – 1 foyer extérieur et aire de repos – 1 salon – 4 pavillons de soins (individuels ou duo).

Projet
Ajout de nouveaux soins: réflexologie des mains et des pieds et massage à quatre mains.

Tarifs
Expérience thermique: 40$ pour 60 min; soins entre 95$ et 137,50$.

Environnement
Situé au sein de la Station touristique Duchesnay, face au lac Saint-Joseph, près de l'Hôtel de Glace. Isolé du monde entre forêts et lac. Été comme hiver, profitez pleinement des soins et des activités de remise en forme.

≋ Zone Spa

À quelques kilomètres des pistes de la station touristique Mont-Sainte-Anne, Zone Spa offre un cocon de détente et de plaisir, à l'écart du tumulte. Un espace harmonieux, lumineux et chaleureux, qui mêle subtilement tonalités douces, bois clairs et baies vitrées. Prolongez la détente sur la terrasse du Tivoli Café, où un menu santé et gourmand permet de recharger ses batteries.

SOIN SIGNATURE

Exfoliation aux pétales de calendula

Le soin débute par une exfoliation douce aux cristaux de sels de la mer Morte et pétales de calendula, du latin *solsequia* (qui suit le soleil). Les pétales de cette petite fleur jaune orangé sont utilisés depuis le Moyen Âge pour leurs vertus cicatrisantes et adoucissantes. Pour une meilleure absorption de leurs nombreux principes actifs, le corps est enveloppé dans une couverture chauffante pendant une vingtaine de minutes tandis qu'un massage du cuir chevelu apaise l'esprit. Une fois le temps écoulé, la thérapeute nous invite à glisser sous la douche afin d'éliminer les résidus du gommage. Le soin se termine par l'application d'une crème aux parfums d'agrumes. Libérée de ses impuretés et réhydratée, la peau retrouve douceur et souplesse.

Décor ◢◢◢

Les ✛ *L'aménagement et l'orientation du site offrent espace et ensoleillement ◢ Les serviettes et les bouteilles d'eau sont incluses ◢ L'accès aux bains et les massages parents-enfants pendant les vacances scolaires ◢ La majorité des salles sont baignées de lumière naturelle.*

Les ━ *Les salles de soins ne sont pas parfaitement insonorisées ◢ Le bain à remous «familial» ◢ Les chaises longues, placées les unes à côté des autres dans la salle de repos, ne favorisent pas pleinement cette parenthèse de calme propice à une relaxation profonde.*

AUTRES SOINS, TRAITEMENTS ET SERVICES

Massages: aromathérapie • détente au gel de cacao et soya • femme enceinte • pierres chaudes • sportif • suédois • thérapeutique.

Soins du corps: enveloppement à la boue, rose de Provence, chocolat, algues marines • exfoliation aux algues marines, saveurs multiples, sels de la mer Morte.

Soin du visage: classique.

Épilation • soins beauté des mains et des pieds.

Autres services: carte de membre (individuel et couples) et passeport individuel • location du site • le Tivoli Café.

LE SPA EN UN CLIN D'ŒIL

Coordonnées
Zone Spa
186 rang Saint-Julien, Saint-Ferréol-les-Neiges, ☎866-353-1772
www.zonespa.com

Installations
2 bains à remous extérieurs dont un hors terre – 1 chute et bassin froid – accès au lac – 1 bain vapeur – 1 sauna finlandais – 1 foyer extérieur – 1 solarium – 1 yourte de détente – 10 salles de soins individuels – 1 salle de soins duo – le Tivoli Café.

Projet
Automne 2007: aménagement d'un nouveau bain à remous, d'une terrasse-solarium et agrandissement des vestiaires.

Tarifs
Expérience thermique: 35$; soins entre 55$ et 120$.

Environnement
Pour tous les amoureux de la montagne, de la nature, du ski et du vélo. En pleine campagne, loin du bruit, tout près des pistes de ski de fond et de la station de ski Mont-Sainte-Anne.

ACTIVITÉS DE PLEIN AIR DANS LA RÉGION

Baignade – canot rabaska – kayak – patinage – randonnée pédestre – raquette – ski de fond – traîneau à chiens – vélo

Station touristique Duchesnay
143 route Duchesnay, Sainte-Catherine-de-la-Jacques-Cartier
☎ 877-511-5885, www.sepaq.com
Située en bordure du lac Saint-Joseph, la Station touristique Duchesnay, entourée principalement d'une forêt de feuillus, représente pour la région un joyau historique et naturel. Auberge et refuges à votre disposition.

Canyoning de glace – équitation – kayak – patinage – raquette – ski alpin – ski de fond – traîneau à chiens – vélo

Station touristique Mont-Sainte-Anne
2000 boul. Beaupré, Beaupré
☎ 888-827-4579, www.mont-sainte-anne.com

Escalade de glace – randonnée pédestre – vélo

Parc de la chute Montmorency
2490 avenue Royale, Beauport
☎ 800-665-6527, wwww.sepaq.com
Du haut des promenades et des ponts suspendus, admirez la splendeur du site et la force de l'impressionnante chute Montmorency.

Montgolfière et saut en parachute

Montgolfière Aventure
1343 chemin Provancher, Québec
☎ 866-473-9375, www.montgolfiereaventure.com
En toute sécurité, découvrez la ville de Québec vue du ciel. Un fabuleux voyage empreint de liberté.

Parapente – ski cerf-volant

Aérostyle Airsports
2239 av. Royale, Saint-Ferréol-les-Neiges
☎ 418-955-3117, www.aerostyle.ca
Profitez d'un site magique qui permet de survoler la côte de Beaupré. Voler reste une expérience inoubliable.

Parcours d'aventure en forêt

D'Arbre en Arbre Duchesnay
143 route Duchesnay, Pavillon l'Horizon, Sainte-Catherine-de-la-Jacques-Cartier
☎ 866-444-3824, www.arbreenarbre.com
Situés dans la station touristique Duchesnay, des parcours ludiques à la cime des arbres surplombent le lac Saint-Joseph.

Voile

Vieux Port Yachting
155 rue Dalhousie, Québec
☎ 418-692-0017, www.vpy.ca
Cours de navigation et location de voiliers. Le Vieux Port Yachting vous offre la possibilité d'accéder au fleuve Saint-Laurent et à ses rives.

ÉPICERIES BIOS

La Giroflée
3320 ch. Sainte-Foy, Québec
☎ 418-658-7780

Les Aliments de santé Laurier
2700 boul. Laurier, Québec
☎ 418-651-5737

Santé La Vie au naturel
999 de Bourgogne, Québec
☎418-658-0070

Les Aliments La Rosalie
1646C, ch. St-Louis, Québec
☎418-683-1936

Épicerie santé du Quartier
1024 av. Cartier, Québec
☎418-524-2226

Équimonde Canada
925 av. Newton, Québec
☎418-780-3047

La Carotte Joyeuse
690 rue Saint-Jean, Québec
☎418-647-6881

ÉPICERIES FINES DU TERROIR ET BOULANGERIES ARTISANALES

Épicerie J.A. Moisan
699 rue Saint-Jean, Québec
☎418-522-0685, www.jamoisan.com

Marché du Vieux Port
160 rue Dalhousie, Québec
☎418-648-3640

Épicerie fine De Blanchet
435 rue Saint-Joseph E., Québec
☎418-525-9779

Au Paingrüel, boulangerie artisanale
375 rue Saint-Jean, Québec
☎418-522-7246

SALONS DE THÉ

Café Le Sultan
467 rue Saint-Jean, Québec
☎418-525-9449

Maison de thé Camellia Sinensis
624 rue Saint-Joseph E., Québec
☎418-525-0247

RESTAURANTS GOURMANDS: VÉGÉ, BIO ET CIE

Ginko Restaurant Japonais
560 rue Grande-Allée E., Québec
☎418-524-2373; www.ginko-japonais-cuisine.ca
Cuisine gastronomique nippone. Spécialités: wagashis sur commande (pâtisseries); salon tatami; tables à grillades teppan yaki.

Le Mille Feuilles
1405 ch. Sainte-Foy, Québec
☎418-681-4520
Restaurant végétarien.

Restaurant Zen
966 boul. René-Lévesque O., Québec
☎418-688-8936
Cuisine chinoise végétarienne.

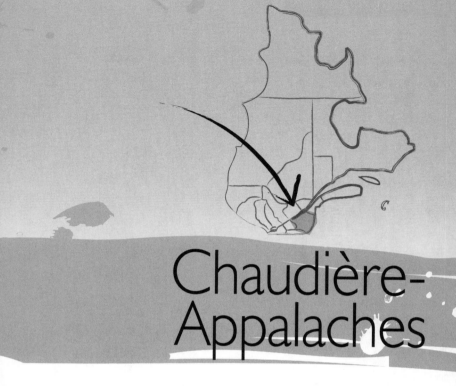

Chaudière-Appalaches

C ette vaste région de forêts, de montagnes, de lacs et de rivières s'étend le long du fleuve Saint-Laurent sur plus de 200 km, jusqu'à la frontière du Maine aux États-Unis. Trois siècles d'histoire se découvrent à travers son riche patrimoine culturel et architectural: c'est ici que l'on trouve les plus beaux villages du Québec. Chaque automne, ne manquez pas le rendez-vous du Festival de l'oie blanche de Montmagny et profitez «du bon vent». Laissez-vous transporter dans l'univers magnymontois du Musée de l'accordéon, cet instrument voyageur qui célèbre tous les genres musicaux. À l'horizon, un paradis sauvage vous invite: l'archipel de l'Isle-aux-Grues. Prenez le traversier à Montmagny, visitez cet archipel à bicyclette et reposez-vous au cœur d'une forêt enchanteresse sous le tipi ou au chalet de L'Étale, sur le chemin du Rivage à l'Isle-aux-Grues, où différents ateliers célèbrent la sagesse amérindienne.

♠ Spa Parfum d'Arôme – Manoir des Érables

Installé dans un pavillon à part, le spa – éclairé d'un rouge vibrant, ce qui ajoute une pointe d'audace au gris anthracite de la pierre – affiche cette même douceur de vivre qu'au Manoir. Plusieurs tableaux d'artistes de la région, dont un coq, symbole de prospérité, illuminent ce lieu intime.

SOINS SIGNATURE

Gommage corporel et enveloppement d'or

En hommage à Artémis, cette déesse lunaire grecque qui a pour mission de protéger les femmes tout au long de leur vie (régularisation du cycle menstruel, accouchement, etc.). Depuis Hippocrate, la fleur d'armoise est la plante féminine par excellence (déconseillée aux femmes enceintes). Tout en douceur, le gommage à base de minéraux, enrichi d'extraits de fleurs d'armoise et de la passion, élimine les impuretés et redonne éclat à la peau. S'ensuit un enveloppement agrémenté d'un massage du cuir chevelu ou d'une réflexologie des pieds. Les tensions et les soucis s'évaporent, avant de plonger le corps dans un bain de poudre d'or associant les bienfaits de la chromothérapie aux jets hydromassants. Le soin se termine par l'application d'une huile satinée qui laisse sur la peau un voile nacré.

Massage aux pierres volcaniques chaudes et froides

Selon les traditions amérindiennes, les roches, polies par l'eau des rivières au cours du temps, sont considérées comme précieuses et sacrées pour leur pouvoir vibratoire, équilibrant, revitalisant et purificateur. Une fois le corps enduit d'huile chaude et les pierres volcaniques déposées en des endroits précis, la thérapeute aux mains expertes alterne mouvements fluides et pressions avec les pierres chaudes et les galets froids, pour un doux «entrechoc». De la racine des cheveux au bout des orteils, ce traitement procure une profonde détente musculaire tout en stimulant la circulation sanguine et lymphatique.

Décor ♦♦ 1/2

Les **+** *Les soins beauté sont prodigués par des thérapeutes, un atout supplémentaire pour la détente ♦ Le service personnalisé ♦ Les massages à l'extérieur sont offerts en période estivale.*

Les **–** *Actuellement, les salles de soins ne sont pas assez insonorisées et sont trop exiguës (projet d'agrandissement en 2008) ♦ deux salles de soins ne profitent pas de lumière naturelle.*

AUTRES SOINS, TRAITEMENTS ET SERVICES

Massages: aromathérapie • thaïlandais.

Soins du corps: bain hydromasseur à la boue de tourbe, chocolat, algues, huiles essentielles, pétales • enveloppement à la boue de tourbe, boue thermale, mousse de raisin muscat, beurre d'érable, cacao, algues, «Golden Spa» • exfoliation à la boue de tourbe, cacao et soya, sel de Neptune, moût de raisin, sucre d'érable • pressothérapie • soin du dos • soin des jambes.

Soins du visage: anti-âge • chocothérapie • étudiant • hydratant • pour homme • vinothérapie.

Beauté des mains et des pieds • épilation.

HÉBERGEMENT – GASTRONOMIE

Coordonnées
Manoir des Érables
220 boul. Taché E., Montmagny; autoroute 20 E., sortie 376; ☎418-248-0100, www.manoirdeserables.com

Type
Auberge champêtre luxueuse.
Membre du réseau Hôtellerie Champêtre

En bordure du chemin, au fond d'une allée verdoyante, niche le Manoir des Érables, une imposante maison datant des années 1800. L'ancienne seigneurie de la Rivière-du-Sud a su conserver un raffinement d'antan, un charme romantique qui invite à remonter le temps. Hôtes et gourmets de passage se délectent d'une cuisine fine où les produits régionaux sont à l'honneur, sublimée par de grands crus sélectionnés par le maître de chais. Avant de retrouver votre chambre, décorée avec le même soin que toutes les autres, dégustez un dernier whisky au petit salon où des trophées de chasse, accrochés aux murs, invitent l'imaginaire à vagabonder.

LE SPA EN UN CLIN D'ŒIL

Coordonnées
Spa Parfum d'Arôme
220 boul. Taché E., Montmagny, autoroute 20 E., sortie 376, ☎418-248-0100
www.manoirdeserables.com

Installations
3 salles de soins individuels – 1 salle de balnéothérapie.

Projet
Agrandissement du spa selon le feng shui et construction d'une verrière qui fera office de salle de relaxation ouverte sur un jardin, en 2008.

Tarifs
Soins entre 35$ et 120$.

Environnement
Dans un parc semi-boisé, un cocon à l'écart du bruit. À quelques enjambées du majestueux fleuve Saint-Laurent.

ACTIVITÉS DE PLEIN AIR DANS LA RÉGION

Canot – kayak – randonnée pédestre – raquette – vélo

Parc régional des Appalaches

☎ 877-827-3423, www.parcappalaches.com

Au sud de Montmagny, près de la frontière avec le Maine (États-Unis), le Parc régional des Appalaches propose des activités de plein air et d'aventure douce, respectueuses des écosystèmes (activités d'interprétation, sites d'observation de la faune et de la flore). Pour profiter pleinement de votre séjour, chalets, refuges de bois rond et camping se trouvent sur le site ou à proximité.

Équitation – randonnée pédestre – raquette – ski alpin – ski de fond – vélo

Parc régional du Massif du Sud

1989 route du Massif, Saint-Philémon
☎ 418-469-2228, www.massifdusud.com

Printemps, été, automne et hiver, profitez d'un dépaysement au sommet du plus haut domaine skiable au Québec: le parc régional du Massif du Sud, au cœur d'une forêt exceptionnelle, ancienne, diversifiée et peu commune.

Différents hébergements sont proposés: yourtes, refuges et copropriétés.

Randonnée pédestre

Parc des chutes d'Armagh

305 route 281 S., Armagh
☎ 418-466-2874, www.armagh.ca

Situé au cœur des Appalaches, le Parc des chutes d'Armagh vous charmera par son décor à couper le souffle. La passerelle surplombant le canyon offre une vue saisissante sur les chutes.

Vélo

www.velochaudiereappalaches.com

Les cyclistes de tous les niveaux pourront parcourir plus de 700 km à travers 10 circuits (ornithologie, champêtre, art, etc.) selon leur goût et leur humeur.

ÉPICERIE BIO

Grandeur Nature

100 rue Saint-Thomas, Montmagny
☎ 418-248-8897

ÉPICERIES FINES DU TERROIR ET BOULANGERIES ARTISANALES

Chez Dame Tartine
70 av. de Gaspé O., Saint-Jean-Port-Joli
☎ 418-598-7771
Boulangerie artisanale, chocolaterie, sorbets et glaces.

Espace Gourmand Bellefeuille
59 av. de la Gare, Montmagny
☎ 418-248-8158
Bistro, boutique, galerie.

Fromagerie de l'Isle aux Grues
210 ch. du Roy, Isle-aux-Grues
☎ 418-248-5842
Le Riopelle, le Mi-Carême, la Tomme de Grosse Île.

Fromagerie Buckland
4416 rue Principale, Buckland
☎ 418-789-2760
Fromage de chèvre au lait cru.

Le Joyeux Pétrin
37 rue Principale E., Berthier-sur-Mer
☎ 418-259-2223
Pain au levain.

Moulin de Beaumont
2 route du Fleuve, Beaumont
☎ 418-833-1867

SALON DE THÉ

Café Bonté divine
2 ch. du Roy E., Saint-Jean-Port-Joli
☎ 418-598-3330

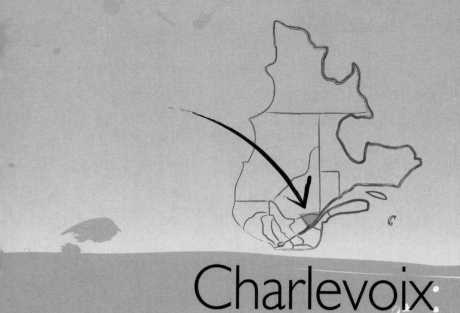

Charlevoix

P ar la beauté époustouflante de ses tableaux naturels, Charlevoix inspire depuis toujours les sculpteurs, peintres, poètes, écrivains et séduit les vacanciers. Paysages verdoyants, montagnes abruptes et vallées étroites parsèment la région où coulent les eaux salées du fleuve Saint-Laurent. Elle conserve les traces de l'un des plus grands cratères au monde – 90% de l'espace habité de Charlevoix loge à l'intérieur du cratère. Déclarée Réserve mondiale de la biosphère par l'UNESCO en 1988, la région abrite une faune et une flore uniques et variées. C'est dans le fleuve que l'on trouve le plus grand nombre de géants de la mer, entre autres le rorqual à bosse, le rorqual commun et le rorqual bleu (le plus grand mammifère du monde). Tout au long de la route, profitez de l'air pur, prenez le temps d'admirer les paysages sauvages charlevoisiens et goûtez aux exquis et réputés produits du terroir.

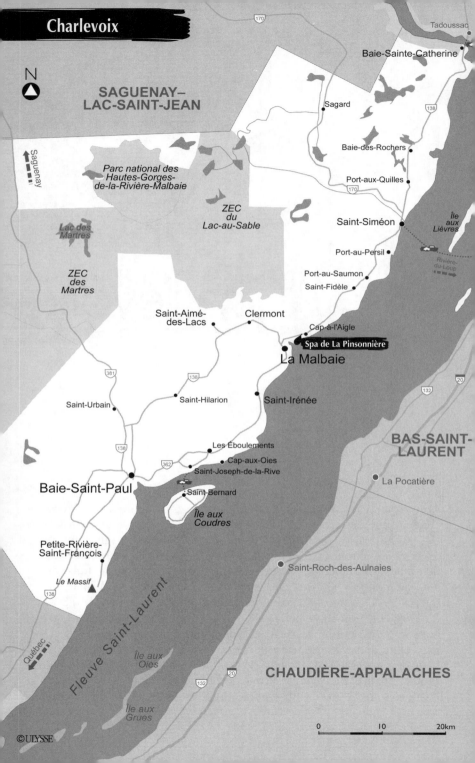

Charlevoix

**SAGUENAY–
LAC-SAINT-JEAN**

N

Saguenay

*Parc national des
Hautes-Gorges-
de-la-Rivière-Malbaie*

*ZEC
du
Lac-au-Sable*

*Lac des
Martres*

*ZEC
des
Martres*

Tadoussac

Baie-Sainte-Catherine

Sagard

Baie-des-Rochers

Port-aux-Quilles

Saint-Siméon

*Île
aux
Lièvres*

Port-au-Persil

Rivière-
du-Loup

Port-au-Saumon

Saint-Fidèle

Saint-Aimé-
des-Lacs

Clermont

Cap-à-l'Aigle

Spa de La Pinsonnière

La Malbaie

Saint-Urbain

Saint-Hilarion

Saint-Irénée

**BAS-SAINT-
LAURENT**

La Pocatière

Les Éboulements

Cap-aux-Oies

Saint-Joseph-de-la-Rive

Baie-Saint-Paul

Saint-Bernard

*Île aux
Coudres*

Petite-Rivière-
Saint-François

Saint-Roch-des-Aulnaies

Le Massif

Québec

Fleuve Saint-Laurent

*Île aux
Oies*

CHAUDIÈRE-APPALACHES

*Île aux
Grues*

© ULYSSE

0   10   20km

Spa de La Pinsonnière

De la porte menant au jardin, un rai de lumière baigne ce lieu discret où le parfum des roses, fraîchement cueillies, titille délicatement notre odorat. Aux lignes et couleurs sobres et apaisantes de l'espace, s'ajoutent plusieurs œuvres picturales tel un trait d'union entre le passé et le présent.

SOINS SIGNATURE

Soin classique Dr.Hauschka

Délicate, la peau réagit à de nombreuses fluctuations tant internes qu'externes qui peuvent l'affaiblir. C'est pourquoi le soin Dr.Hauschka ne s'adresse pas exclusivement au visage. Ce rituel, absolument unique, aide la peau à s'autoéquilibrer en même temps qu'il l'embellit. Il comprend bain de pieds; massages des jambes, des bras, de la nuque, du cuir chevelu; nettoyage du visage; bain de vapeur; masque purifiant; soin du décolleté et soin de jour. Par des gestes doux et fluides, des stimulations lymphatiques aux pinceaux, des massages, les traces de fatigue s'envolent; le corps est profondément léger, détendu et le visage sublimé comme éclairé de l'intérieur. Un soin à l'écoute de la peau qui s'adresse aussi bien à l'épiderme féminin que masculin.

Massage aromathérapie

Associant manœuvres lentes, enveloppantes aux pressions profondes, ce massage sur mesure, aux huiles essentielles biologiques de votre choix, libère les tensions, draine les toxines en profondeur et rétablit la circulation énergétique. Un rendez-vous ressourçant à s'offrir.

Décor ♦♦♦

Les ✛ Les soins Dr.Hauschka, une ligne de cosmétiques biologiques ♦ Les mains de fée de la directrice du spa, à l'écoute du corps et de vos besoins ♦ Les cours de Pilates ♦ L'environnement extérieur.

Le ‒ Les salles de soins ne bénéficient pas de lumière naturelle.

AUTRES SOINS, TRAITEMENTS ET SERVICES

Massages: au chocolat • pierres chaudes • sous la pluie.

Soins du corps: enveloppement à l'eau de mer, chocolat, algues et huiles essentielles • exfoliation au chocolat • sablage aux algues et aux huiles essentielles • soin jambes lourdes.

Soin du visage: soin éclair Dr.Hauschka.

Pédicure • soins des mains et des pieds.

Activités complémentaires: séances de Pilates • 1 court de tennis • sentier pédestre • galerie d'art.

HÉBERGEMENT - GASTRONOMIE

Coordonnées
La Pinsonnière
124 Saint-Raphaël, La Malbaie, route 138, ☎418-665-4431, www.lapinsonniere.com

Type
Hôtel luxueux.

Membre des Relais & Châteaux

Au cœur d'un environnement enchanteur, l'auberge La Pinsonnière inaugure de nouvelles chambres-appartements. Élégants, raffinés, contemporains, ces espaces de vie – où le voyageur se sent comme chez soi, tout en bénéficiant d'un confort et de prestations haut de gamme – conjuguent avec brio le goût du beau. Chacun profite d'un vestiaire, de toilettes séparées, d'une salle de bain avec douche vapeur, bain thérapeutique et plancher chauffant. Piquée d'une touche rouge vif, la couleur éveille les sens, redonne texture et chaleur aux lieux. Les immenses baies et la balustrade de verre offrent une vue imprenable sur le Saint-Laurent. Au loin, vous apercevez le charmant village de Saint-Denis-de-Kamouraska. Descendez le sentier de quelque 200 marches qui mène à la plage, avant de prendre place à l'une des tables du restaurant au menu gourmet et gourmand. Une invitation à la tentation des saisons, à la création, à la joie de vivre, au bon vin (plusieurs appellations supérieures et grands crus classés sommeillent dans la cave).

LE SPA EN UN CLIN D'ŒIL

Coordonnées
Spa de La Pinsonnière
124 Saint-Raphaël, La Malbaie, route 138, ☎418-665-4431
www.lapinsonniere.com

Installations
2 salles de soins individuels – 1 salle de soins massage sous la pluie –
1 salle de pédicure – 1 sauna – 1 piscine intérieure chauffée.

Tarifs
Soins entre 60$ et 180$.

Environnement
À l'entrée de Cap-à-l'Aigle et située à flanc de montagne, La Pinsonnière domine un panorama incroyable et bénéficie d'une situation exceptionnelle au bord du fleuve. En contrebas, une plage rustique privée pour la clientèle. À 15 min du parc régional du Mont-Grand-Fonds.

ACTIVITÉS DE PLEIN AIR DANS LA RÉGION

Canot – kayak – pêche – randonnée pédestre – raquette – ski de fond – vélo

Parc national des Grands-Jardins

4 rue Maisonneuve, Clermont

☎ 800-665-652, www.sepaq.com

Cet îlot boréal, déjà réputé au début du XXᵉ siècle pour ses incroyables secteurs de pêche, est toujours fréquenté par les amoureux de la nature qui apprécient son décor féerique. Ce parc national constitue l'une des aires centrales de la Réserve mondiale de la biosphère de Charlevoix, statut octroyé par l'UNESCO en 1988.

Parc national des Hautes-Gorges-de-la-Rivière-Malbaie

4 rue Maisonneuve, Clermont

☎ 800-665-6527, www.sepaq.com

Joyau de l'arrière-pays, ce parc national aux dénivellations importantes, au tracé particulier de la rivière Malbaie, fait partie intégrante de l'une des aires centrales de la Réserve mondiale de la biosphère.

Canot – escalade – randonnée pédestre – raquette

Parc d'Aventure en montagne Les Palissades

1000 route 170, Saint-Siméon

☎ 800-762-4967

Les férus du plein air sont invités à découvrir l'unique parc d'aventure en montagne de classe mondiale.

Descente de rivière – traîneaux à chiens

Descente Malbaie

316 rue Principale, Saint-Aimé-des-Lacs

☎ 418-439-2265, www.descentemalbaie.com

Différentes expéditions vous feront découvrir l'arrière-pays montagneux.

Équitation

Centre Équestre Nature

73 Saint-Jean-Baptiste, La Malbaie

☎ 418-439-2076, www.quebecweb.com/equitation

À travers diverses activités récréatives et éducatives (camps d'été, classes nature, volet thérapeutique ou randonnées), le Centre Équestre Nature vous offre l'occasion de décrocher de la routine au contact de la nature et des chevaux.

Écurie des Deux Continents

83 rang 2, La Malbaie

☎ 418-439-4187, www.ecuriedeuxcontinents.com

École d'équitation classique, poney club, camps de vacances, spectacles équestres... chacun y trouvera son compte.

Kayak de mer

Azimut Aventure

185 route 138, Baie-Sainte-Catherine

☎ 888-843-1110, www.azimutaventure.com

À partir de l'embouchure de la rivière Saguenay, des expéditions guidées de un à cinq jours vous feront découvrir les géants (baleines et bélugas) de l'estuaire moyen du fleuve Saint-Laurent. Pour vous remettre de vos efforts, il est possible de combiner kayak et massage. Ces activités en kayak de mer s'adressent à tous.

Parapente

École de Vol Libre comme l'air

112 côte de Pérou, Baie-Saint-Paul

☎ 418-435-3214, www.librecommelair.ca

C'est dans un environnement à couper le souffle que vous ferez l'expérience du vol libre.

Randonnée pédestre – raquette – ski alpin – ski de fond

Le Massif
1350 rue Principale, Petite-Rivière-Saint-François
☎ 877-536-2774, www.lemassif.com
En quête de plaisir et de liberté... Caractérisé par un microclimat distinct et une montagne majestueuse en bordure de mer, Le Massif de Petite-Rivière-Saint-François vous offre un séjour inoubliable.

ÉPICERIES FINES DU TERROIR ET BOULANGERIES ARTISANALES

Auberge-Boulangerie des Grands Jardins
4 rue du Patrimoine, La Malbaie
☎ 418-439-5882
Pains originaux, produits du terroir.

Aux comptoirs gourmands
52 rue Saint-Jean-Baptiste; Baie-Saint-Paul
☎ 418-435-3073

Boulangerie Charlevoix
28 rue Forget, Baie-Saint-Paul
☎ 418-435-3726
Pains au levain, produits sans gluten, aliments bios et naturels.

Le Foulanger
674 ch. du Golf, La Malbaie
☎ 418-665-4754
Pains cuits dans des fours extérieurs, produits du terroir.

Les Finesses de Charlevoix
382 Saint-Godefroy, Les Éboulements
☎ 418-635-1072
Boutique et bistro.

Fumoir Charlevoix
100 rang Saint-Mathilde, La Malbaie
☎ 418-665-2922

Pains d'exclamation
302 rue John Nairne, La Malbaie
☎ 418-665-4000
Pains au levain à la farine biologique, produits du terroir.

SALON DE THÉ

Chocolaterie Cynthia
66-3 rue Saint-Jean-Baptiste, La Malbaie
☎ 418-435-6060

les Îles de la Madeleine

S able blond, plages sauvages, falaises de grès rouge, dunes vertes, les Micmacs avaient baptisé l'archipel du nom de *Menagoesenog*, qui signifie «les îles balayées par la vague». Avec le vent capricieux, l'air pur, le temps doux en hiver, frais et ensoleillé en été, les îles séduisent et enchantent. D'environ 65 km de longueur, elles sont situées à plus de 200 km du continent, au cœur du golfe du Saint-Laurent. Il est difficile de ne pas succomber à la magie de cette terre sauvage qui s'étire à perte de vue. Quelle que soit la saison, les occasions de découvrir la région et de s'émerveiller sont nombreuses: En août, et ce, depuis plus de 20 ans, les îles vous accueillent avec le célèbre Concours des châteaux de sable sur la majestueuse plage du Bout-du-Banc près de Havre-Aubert. À la rentrée des classes, outre la migration automnale, les îles accueillent le Festival international Contes en Îles, un voyage poétique au pays de l'imaginaire collectif de nombreux pays. Il était une fois...

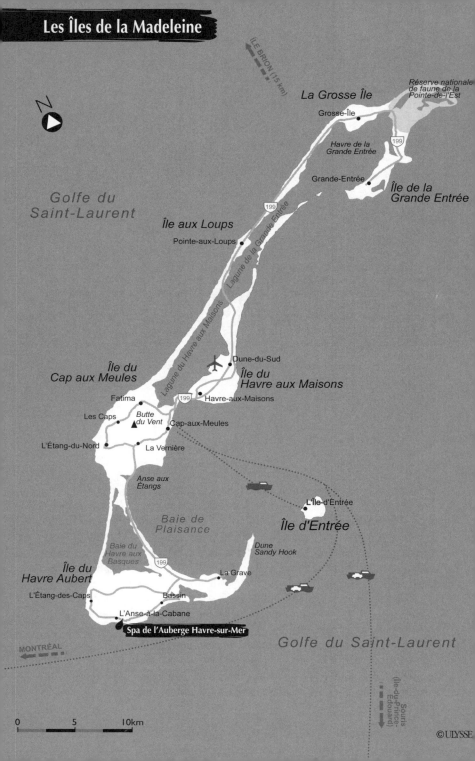

Les Îles de la Madeleine

ÎLE BRION (15 km)

La Grosse Île

Réserve nationale de faune de la Pointe-de-l'Est

Grosse-Île

Havre de la Grande Entrée

199

Grande-Entrée

Île de la Grande Entrée

Golfe du Saint-Laurent

Île aux Loups

Pointe-aux-Loups

Lagune de la Grande Entrée

199

Lagune du Havre aux Maisons

Dune-du-Sud

Île du Cap aux Meules

Île du Havre aux Maisons

Fatima

199

Havre-aux-Maisons

Les Caps

Butte du Vent

Cap-aux-Meules

L'Étang-du-Nord

La Vernière

Anse aux Étangs

L'Île-d'Entrée

Baie de Plaisance

Île d'Entrée

Baie du Havre aux Basques

Dune Sandy Hook

199

Île du Havre Aubert

L'Étang-des-Caps

La Grave

Bassin

L'Anse-à-la-Cabane

Spa de l'Auberge Havre-sur-Mer

Golfe du Saint-Laurent

MONTRÉAL

Souris (Île-du-Prince-Édouard)

0   5   10km

©ULYSSE

Spa de l'Auberge Havre-sur-Mer

La terre est bleue comme une orange, écrivait Paul Éluard. Ce havre de charme illustre à merveille cette poésie océane. Entourés de fleurs sauvages, de sable fin, de falaises rouges, ces refuges aménagés à deux pas de la plage invitent au farniente. Larguons les amarres sur fond bleu *thalassa*.

SOIN SIGNATURE

Massage facial au miel

Des bouteilles d'eau chaudes placées sur le dos, accompagné d'un massage de quelques minutes, procurent une relaxation immédiate. En vous retournant doucement, une bouteille placée sous le cou délie en douceur les tensions.

Pour retrouver éclat et fraîcheur, le visage est nettoyé avec une eau au thé vert puis doucement exfolié au sucre de canne du Costa Rica. Le soin se poursuit par un shiatsu du visage au miel des Îles. Les points de pression chassent les crispations, améliorent l'élasticité, la tonicité de la peau et rehaussent son éclat. Le tout est suivi d'un masque à l'argile des Îles aux vertus purifiantes et éclaircissantes. Miroir de l'âme, les yeux ont besoin d'une attention particulière: jus de concombre et petit sac de thé vert effacent les marques de fatigue. Pendant le temps de pause du masque, les mains, la tête, le cou et les épaules ne sont pas oubliés. L'évasion se termine par une application de jus de concombre frais et d'une vaporisation d'eau minérale parfumée à la menthe.

Décor ♦♦♦

Les ✚ *L'espace bien-être (salle de soins, sauna finlandais et bain à remous) est baigné de lumière naturelle, avec pour unique vue la mer et le sable blanc ♦ La qualité du soin ♦ Les produits utilisés sont biologiques, certains régionaux (miel, argile).*

AUTRES SOINS, TRAITEMENTS ET SERVICES

Massages: acupression • du dos • Esalen • polarité • reiki • suédois • tête, cou, épaules • tissus profonds • thérapie des sportifs.

Soins du visage: exfoliation • masque d'argile.

Autres services: bilan de santé • consultation et conseils en nutrition • iridologie.

HÉBERGEMENT – GASTRONOMIE

Coordonnées
Havre-sur-Mer, auberge sympathique
1197 ch. du Bassin, L'Anse-à-la-Cabane, île du Havre Aubert, ☎418-937-5675
www.havresurmer.com

Type
Auberge de charme.

Une ambiance romantique pour ces trois lofts tout équipés, inspirés des petites cabanes de pêcheurs appelées «les salines». Typiquement acadiennes, ces maisons en bois, au toit en angle étroit et haut, servaient à saler la morue et à entreposer les agrès de pêche. Au petit matin, avant de filer à la plage ou de sillonner à vélo les routes qui longent le littoral, savourez un petit déjeuner inventif, gourmand et gourmet, où règnent produits bios et spécialités maison. Face au large, les pieds presque dans l'eau, la vie est belle Coup de cœur: ces baignoires en bois qui rappellent d'anciennes barriques.

LE SPA EN UN CLIN D'ŒIL

Coordonnées
Spa de l'Auberge Havre-sur-Mer
1197 ch. du Bassin, L'Anse-à-la-Cabane, île du Havre Aubert; route 199 sud-ouest; ☎418-937-5675, www.havresurmer.com

Installations
1 salle de soins – 1 bain à remous – 1 sauna finlandais.

Tarifs
Soins entre 60$ et 80$.

Environnement
Sur l'île du Havre Aubert, près du phare de l'Anse. Face à la mer avec un accès direct à la plage de l'Anse-à-la-Cabane: une invitation propice à la rêverie. Des paysages idylliques entre ciel et terre.

ACTIVITÉS DE PLEIN AIR DANS LA RÉGION

Équitation

La P'tite Ferme au Galop
784 route 199, île du Havre Aubert
☎ 418-937-5664, www.ptitefermeaugalop.piczo.com
Randonnée en bord de mer, soirée autour d'un feu de camp où la parole du conteur émerveillera petits et grands.

Kayak de glace – kayak de mer – ski cerf-volant

Aérosport Carrefour d'Aventures
1390 ch. de La Vernière, L'Étang-du-Nord, île du Cap aux Meules
☎ 866-986-6677, www.aerosport.ca
Profitez des conditions exceptionnelles du vent des îles et laissez-vous séduire par les falaises et les grottes sculptées. Une destination entre ciel et mer. En hiver, les 300 km de plages, recouvertes d'un épais tapis blanc, sont un véritable paradis pour l'apprentissage et la pratique du ski cerf-volant. Découverte et initiation.

Kayak de mer

Parc de Gros-Cap
74 ch. du Camping, L'Étang-du-Nord, île du Cap aux Meules
☎ 800-996-4505, www.parcdegroscap.ca
Des randonnées guidées en kayak de mer pour découvrir les beautés de l'archipel et la culture locale. Bienvenue à bord!

Auberge et camping à votre disposition.

Kayak de mer – randonnée pédestre – raquette – ski de fond – vélo de montagne

Vert et Mer, expéditions et formation
633 ch. des Caps, Fatima
☎ 866-986-3555, www.vertetmer.com

Peu importe la saison, partez à l'aventure sur terre comme sur mer. Des moments uniques d'évasion et de ressourcement.

Hébergement sous la yourte prônant l'éthique «Sans trace».

Plongée libre – voile

L'Istorlet
100 ch. de l'Istorlet, île du Havre Aubert
☎ 418-937-5266, www.istorlet.com
Une excursion en bateau jusqu'à l'île du Corps-Mort pour une sortie à voile ou une plongée libre avec les phoques gris ou communs.

Plongée

Le Repère du Plongeur
18 allée Léo-Leblanc, L'Étang du Nord, île du Cap aux Meules
☎ 418-986-6548, www.repereduplongeur.com
Explorez les richesses de la vie sous-marine où abondent une faune et une flore des plus diversifiées. En hiver, à bord d'un canot pneumatique, observez les grottes et les falaises de glace.

Randonnée pédestre

Sentier du Littoral, sentier du Barachois, île Boudreau, sentier de l'Île Brion, sentier Ivan Quinn… sillonnez les longues plages de sable fin, collines et routes panoramiques, tout en observant les nombreux oiseaux (plus de 300 espèces répertoriées).

Sentier du Littoral
île du Cap aux Meules
☎ 418-986-3321
Cette piste est partagée par les marcheurs et les cyclistes.

Sentier du Barachois
île du Cap aux Meules
☎ 418-986-3321
Ce sentier, situé dans un milieu humide, met en valeur les marais d'eau salée.

Île Boudreau, Grande-Entrée
Véritable joyau à la topographie variée.

Réserve nationale de la faune de la Pointe-de-l'Est
route 199, Grosse-Île
☎ 418-985-2833

Sentier de l'Île Brion, Grosse-Île
Centre d'activités Vert et Mer, ☎ 866-986-3555
Réserve écologique, l'île Brion est un site exceptionnel pour les randonneurs et les amateurs d'oiseaux et de phoques. Pour accéder à la réserve, il faut absolument être accompagné (téléphoner au Centre d'activités Vert et Mer, au numéro inscrit ci-dessus).

Sentier Ivan Quinn
île d'Entrée
☎ 418-986-3321
L'île d'Entrée abrite une cinquantaine de familles anglophones. Un petit paradis pour les amants de la nature.

Vélo

Sentier du Littoral, piste cyclable et pédestre de la Belle-Anse, sentier de l'Anse de l'Étang-du-Nord: admirez la beauté du paysage.

Sentier du Littoral
île du Cap aux Meules
☎ 418-986-3321
Pour marcheurs et cyclistes.

Piste cyclable et pédestre de la Belle-Anse
ch. de la Belle-Anse, Fatima
☎ 418-986-3321

Sentier de l'Anse de l'Étang-du-Nord
île du Cap aux Meules
☎ 418-986-3321
Un endroit exceptionnel pour les couchers de soleil.

ÉPICERIES FINES DU TERROIR ET BOULANGERIES ARTISANALES

L'Anse aux herbes
18 ch. de la Belle-Anse, Fatima
☎ 418-986-3936
Assaisonnements, huiles et vinaigres aromatisés, herboristerie artisanale.

La Fleur de Sable
102 route 199, île du Havre Aubert
☎ 418-937-2224; www.lafleurdesable.com
Pains bios au levain, café-restaurant santé, épicerie fine.

La Fromagerie du Pied-de-Vent
149 ch. de la Pointe-Basse, Havre-aux-Maisons
☎ 418-969-9292

RESTAURANTS GOURMANDS: VÉGÉ, BIO ET CIE

Le Bistro du bout du monde
951 route 199, île du Havre Aubert
☎418-937-2000

SALON DE THÉ

Le Flâneur
1944 ch. de l'Étang-du-Nord, L'Étang-du-Nord, île
du Cap aux Meules
☎418-986-6526, www.leflaneur.com
Galerie d'art, boutique et salon de thé.
Ouvert en été seulement.

Rituels millénaires

Histoires d'eau

L'œil véritable de la terre, c'est l'eau. Gaston Bachelard

Au fil des siècles, l'eau, cette *materia prima*, demeure le symbole universel de vie, de
fécondité, de purification, de sagesse, de perpétuel renouvellement; chargée d'un carac-
tère sacré, de mythes et légendes, de rites et traditions. Élément vital, thérapeutique ou
non, salée ou douce, chaude ou froide, depuis des millénaires, les peuples du monde
entier célèbrent l'eau, «ce bien-être organique», comme un retour à la vie fœtale.

Tout comme la Terre, notre corps contient 70% d'eau salée.

LES THERMES

L'histoire débute en Grèce, au VIe siècle av. J-C., où la beauté du corps et l'entraînement physique sont cultivés, voire vénérés. Les *thermae*, de l'adjectif grec *thermos*, qui signifie «chaud», sont intégrés aux gymnases. Après l'exercice, les athlètes enduits de sable se nettoient à l'eau chaude (au début, seule l'eau froide, symbole de santé, de rigueur et de virilité, avait bonne réputation), entrent dans le bain de vapeur, se lavent dans un bain chaud et terminent par une immersion en eau froide. Une fois le corps débarrassé de ses impuretés, il était de tradition de recevoir un massage vigoureux. En 19 av. J-C., les Romains adaptent les installations et l'architecture des bains: des établissements somptueux voués à la détente et au plaisir du corps. Ils sont composés de plusieurs salles: l'*apodyterium* (vestiaires); la salle tiède, le *tepidarium*; l'étuve sèche du *laconium*, où de l'eau est jetée sur des cailloux; le bain de vapeur humide, le *sudatorium*; la salle la plus chaude, le *caldarium*; la piscine d'eau fraîche, le *frigidarium*; la salle de massage, l'*unctorium*. Outre les bains chauds et froids, les thermes romains étaient également de vastes complexes de loisirs (jardins, salons, bibliothèques, théâtres). Les hommes comme les femmes s'y rendaient pour jouer aux dés, se promener, pratiquer différents sports, se cultiver, discuter politique, etc.

LA THALASSOTHÉRAPIE

Le terme «thalassothérapie» (du grec *thalassa*, «mer» et *therapia*, «soin»), créé en 1869 par le docteur de La Bonnardière, et dont les origines remontent à l'Antiquité, se définit officiellement ainsi: «dans un site marin privilégié, l'utilisation combinée, sous surveillance médicale et dans un but préventif et curatif, les bienfaits du milieu marin qui comprend: le climat marin, l'eau de mer, les boues marines, les algues, les sables et autres substances extraites de la mer».

LE THERMALISME OU CRÉNOTHÉRAPIE

Désigne l'utilisation à des fins thérapeutiques des eaux de source aux propriétés spécifiques, pour soulager ou guérir des personnes souffrant d'affections diverses (dermatologiques, rhumatologiques, etc.). Cette pratique médicale est reconnue par l'Organisation mondiale de la santé.

LA BALNÉOTHÉRAPIE

Signifie précisément les soins par les bains. Contrairement à la thalassothérapie, la balnéothérapie utilise de l'eau courante à laquelle on ajoute des algues, de la boue, des huiles essentielles, etc.

L'HYDROTHÉRAPIE

Exprime l'ensemble des techniques utilisant les propriétés de l'eau sous toutes ses formes et à des températures variables.

L'expérience thermique, alternance chaud-froid

Surnommé «le docteur de l'eau», l'abbé allemand Sebastian Kneipp, atteint d'une tuberculose pulmonaire, élabora une méthode naturelle et simple reposant sur cinq piliers, dont l'hydrothérapie: l'alternance de bains chauds et froids. Préventive et curative, cette thérapie de la fin du XIXe siècle est encore aujourd'hui conseillée par bon nombre de médecins.

Après vous être rincé sous la douche, vous pouvez commencer votre expérience. Une immersion de 15 min dans une source chaude à plus de 39°C (bain de vapeur, bains à remous ou sauna) entraîne une vasodilatation et procure un effet relaxant. S'ensuit une immersion rapide en débutant par les pieds et les jambes jusqu'au sommet du crâne ou des applications localisées dans un bain d'eau froide, entre 5°C et 17°C (chute, bassin, douche, rivière ou lac), de quelques secondes à moins d'une minute pour un effet stimulant. Le froid provoque une vasoconstriction, permet de refermer les pores. Pour rééquilibrer la température du corps, un repos dans un endroit où il ne fait pas froid, d'une quinzaine de minutes ou plus, s'impose. Le corps et l'intellect se relâchent. Répétez ces étapes au moins trois fois. En quittant le sauna, rincez-vous sans savon (ce qui aurait pour effet d'obstruer les pores) et séchez-vous. Après plusieurs traitements d'eau, il est essentiel de nourrir sa peau en profondeur par un soin ou une application d'huile hydratante.

Il est également conseillé de boire de l'eau peu minéralisée et non glacée, selon vos besoins.

Bienfaits de cette gymnastique vasculaire

◆ Diminue les tensions nerveuses.

◆ Procure une profonde et agréable sensation de bien-être.

◆ Soulage les douleurs musculaires.

◆ Améliore la circulation sanguine.

◆ Aide le métabolisme à éliminer les toxines.

◆ Renforce le système hormonal et immunitaire.

Contre-indications*

Excepté les femmes enceintes, quelques pathologies lourdes comme l'insuffisance cardiaque, les infections aiguës ou tumeurs malignes, la pratique régulière des bains chauds et froids est excellente pour ressourcer le corps et l'humeur.

*À moins de l'avis contraire d'un médecin.

Du bon usage des termes...

La **thermothérapie** désigne l'ensemble des techniques thérapeutiques utilisant la chaleur.

La **cryothérapie** désigne l'ensemble des techniques thérapeutiques utilisant le froid.

«Bains nordiques» ou «spas nordiques» sont des expressions erronées; le bon usage est **«expérience thermique»**.

Bains du monde

BANYA RUSSE OU *PARITSIA*

À la campagne, ces bains de vapeur sont situés dans une petite cabane appelée *isba*, tout proche d'un lac, d'une rivière, où chaque samedi les familles s'y réunissent. Ni trop sec, ni trop humide, le *banya* (parfois appelé *paritsia*, qui signifie «se vaporiser»), apaise les corps fatigués et endurcis par le froid intense. Cette coutume sacrée ne change pas au fil du temps: «savonnage, rinçage, bain de chaleur entrecoupé de douches, plongeons glacés dans la rivière ou roulades dans la neige». Pendant et après, les Russes se fouettent énergiquement le corps avec le *venik*, un bouquet de feuilles de bouleaux, chaudes et humides, qui nettoie profondément la peau et stimule la circulation. Dans certaines villes, dont Moscou, ces établissements sont des joyaux architecturaux.

MISOGI JAPONAIS

Furo (*bain*): autrefois en forme de tonneau, les baignoires sont de nos jours rectangulaires. Profondes, en bois de couleur claire, aux odeurs citronnées de bois d'hinoki (cyprès du Japon), elles permettent de s'y plonger jusqu'au cou. Chaque membre de la famille, à tour de rôle, se lave et se rince à l'extérieur avant de s'immerger dans cette même eau brûlante, propre et limpide. Pris en fin de journée, le bain, ouvert sur un minuscule jardin, loin de l'agitation extérieure, demeure un rituel quotidien immuable. Une invitation à la contemplation, à l'éveil des sens, au délassement presque méditatif.

Misogi: Étroitement lié au culte Shinto, le *misogi*, rituel de purification par l'eau, est une cérémonie sacrée en communion avec la nature où l'âme et le corps nettoyés retrouvent leur virginité originelle. La nudité est naturelle, sans regards désobligeants ou provocateurs. Depuis le XIXᵉ siècle, l'Amérique puritaine imposa la séparation des sexes. De nos jours, il existe encore des bains mixtes au Japon.

Onsen: (*On*, «chaud»; *Sen*, «source»). De l'île d'Hokkaido au nord à celle de Kyushu au sud, jaillissent des bains naturels d'eau chaude, issus de sources volcaniques réputées pour leurs eaux minéralisées contenant du soufre, du fer, etc. Verdâtres, bleutées, claires ou laiteuses, ces eaux bienfaisantes, empreintes de légendes et de mythes, surgissent dans des lieux enchanteurs, en harmonie avec la nature. Même rituel sacré dans les *Ryokan*, ces auberges traditionnelles japonaises attenantes aux sources, où l'on apprécie la cérémonie du thé et où l'on déguste la cuisine *kaiseki* – terme qui fait référence aux pierres (*seki*) chaudes que les moines zen transportaient dans la poche de leur robe (*kai*) afin d'oublier leur ventre affamé.Par la suite, cette cuisine est devenue le symbole de la gastronomie traditionnelle japonaise. Un menu délicat, raffiné, composé d'une multitude de petits plats de toute beauté, servis à votre chambre selon un ordre précis en fonction de la saison et du mode de cuisson. Le soir venu, une hôtesse déroulera discrètement les futons pour la nuit. En famille, entre amis ou collègues de travail, ces destinations aux sources du bien-être sont très populaires. Au pays du Soleil levant sont recensées un peu plus de 20 000 sources chaudes.

Rotenburo: bain à l'extérieur.

Sento: autrefois appelés *machiyu*, littéralement «l'eau chaude de la ville», ces bains publics et conviviaux sont apparus dès le VIIIe siècle. Ils se multiplièrent pendant la période de Edo et devinrent des lieux de détente et de plaisir. Ils sont reconnaissables par leurs hautes cheminées. Tout comme les *onsen*, la majorité des *sento* interdisent l'entrée aux personnes portant un tatouage, associé à tort ou à raison au *yukasa*, la mafia nippone.

Suna-Mushi-Onsen: vieille de plus de 300 ans, cette thérapie consiste à recouvrir de sable noir le corps vêtu, à l'exception de la tête. Ce bain brûlant (55°C), d'une dizaine de minutes, active la circulation sanguine, soulage les migraines, les rhumatismes, les maux de dos, etc.

Le cérémonial

Qu'il soit public ou privé, le bain comporte deux pièces distinctes, soit le *sentomenjo* où l'on se déshabille et le *furoba* où chaque personne, assise sur un petit tabouret de bois (*koshikake*), se savonne soigneusement corps et cheveux, se frictionne puis se rince à l'aide du baquet (*maru-ko-oke*). Prélude obligatoire avant de glisser doucement dans les eaux chaudes aux vertus purificatrices et thérapeutiques, dont la température varie entre 40°C et 45°C. Goûtez la plénitude. Après les ablutions, essuyez-vous et enveloppez-vous dans un *yukata*, kimono en coton léger, et chaussez les *geta* (socques en bois).

HAMMAM

Et ta ville ne sera une ville vraiment parfaite que le jour où elle aura un hammam (494e nuit de Schéhérazade, *les Mille et Une Nuits*).

Le hammam tire son nom du verbe *hamma*, qui signifie «chauffer» en arabe. Le hammam est un bain de vapeur, saturé à 100% d'humidité, qui puise ses origines dans les thermes romains. Au fil des siècles et des régions, son architecture et sa disposition évoluèrent. Le modèle maure perpétue la tradition d'une suite de salles en enfilade à température progressive, somptueusement recouvertes de marbre. Dans la dernière salle, vous vous étendez sur la pierre chaude pour recevoir le rituel des soins. En revanche, les Turcs ottomans adoptèrent la forme d'une croix avec, au centre, une salle chaude ou *beit-al-harara*, entourée d'alcôves (*maqsuras*) réservées à la toilette intime. Au cœur de cette pièce, sous la coupole, se trouve une dalle de marbre surélevée et brûlante pour les soins et massages. Hymne au sacré et à la beauté des palais d'Orient: grandes dalles blanches de pierres chaudes, marbre syrien, carreaux de zelliges et murs enduits de tadelakt, effluves d'eucalyptus, fontaines et bassin de fraîcheur, pénombre et raies de lumière. Ces temples de purification, «l'antichambre de la Mosquée», furent introduits en Orient dès le VIIIe siècle. Un univers magique et intemporel, teint de mystère, où l'esprit vagabonde librement.

Lieu de sérénité, de liberté, de chuchotements, de confidences, de transmissions, d'échanges, on y vient à la fois nettoyer son corps et son âme «comme si l'art de la beauté conduisait à la spiritualité». Le but n'étant pas de transpirer mais de goûter à la douceur de vivre, à la célébration des sens. Depuis le XIIe siècle, le hammam est ouvert aux femmes, grâce à l'intervention du célèbre philosophe et médecin d'origine perse, Avicenne, qui le nomma «le médecin muet». Il va de soi que femmes et hommes sont accueillis à horaires précis ou disposent de salles distinctes. Certains établissements réservent des journées mixtes. Les jeunes garçons accompagnent leur mère jusqu'à l'âge de six ou sept ans.

Plusieurs hammams construits de façon traditionnelle sont classés Patrimoine de l'humanité par l'UNESCO.

Le cérémonial

Le hammam se compose de pièces à température progressive, d'une salle de repos et d'un vestiaire. «Pour se protéger des djinns, ces petits êtres invisibles, il faut rentrer au hammam par le pied gauche et en sortir par le pied droit».

À l'accueil, un seau avec sandales en bois, *fouta* (tissu traditionnel rayé pour nouer autour de la taille) et nécessaire de toilette vous sont remis. Après une douche tiède, on entre dans les salles dont la température et le degré d'humidité ne cessent de croître. Le corps s'habitue en douceur. Après s'être dévêtu, on pénètre dans la première salle qui incite à la relaxation dont la température n'est ni trop chaude ni trop froide. Il faut se laisser envoûter par le calme et la magie du lieu avant de s'engager dans la deuxième, plus chaude et plus humide, réservée aux soins du corps, jusqu'à la dernière pièce, soit la chambre de vapeur, dont la température oscille entre 45°C et 50°C, saturée d'humidité, et qui sent bon l'eucalyptus, aux propriétés décongestionnantes et antiseptiques. Lorsque la chaleur devient trop difficile à supporter, les femmes mordent dans un citron. Ici le temps s'arrête.

La chaleur enveloppante embrume l'esprit, décontracte les corps enduits de savon noir (pâte à base d'olives), ouvre les pores. Après une vingtaine de minutes dans les vapeurs, une femme, nommée *harza*, qui signifie «gardienne» ou «accompagnatrice», vous invite à vous étendre sur le marbre chaud surnommé «le nombril». Vous êtes prêt à recevoir le gommage effectué à l'aide d'un gant de crêpe, la *kessa*, pour éliminer en profondeur les impuretés, activer la circulation et faire peau neuve. Rinçage à grands seaux d'eau chaude et fraîche. Ensuite, elle appliquera, des pieds à la tête, la matière qui lave, le *rassoul* (une argile riche en oxyde de fer et en magnésium). Ses propriétés astringentes, absorbantes et adoucissantes clarifient l'épiderme, resserrent les pores tout en affinant le grain de peau. Appliquée sur les cheveux, cette argile redonne vitalité, volume et brillance. Puis, elle vous rince à l'eau de rose. Le rituel se termine par un énergique massage à l'huile d'argan, prodigué par un maître *ksell* (maître masseur héritier d'un savoir ancestral). Riche en vitamines E, cette huile de couleur or est réputée pour tonifier, revitaliser et restaurer l'élasticité de la peau. Certaines ajouteront la pose de henné, l'épilation au miel et citron, sans douleur, ni risque vasculaire. Avant de s'envelopper dans sa *fouta* et de regagner la salle de repos, il fait bon s'allonger sur de moelleux divans tout en dégustant un thé à la menthe accompagné de pâtisseries orientales, de longues heures durant.

Les bienfaits

◢ Détente musculaire.

◢ Soulage les douleurs articulaires et rhumatismales.

◢ Favorise le sommeil.

◢ Nettoie la peau en profondeur.

◢ Active la circulation sanguine.

◢ Régénère le corps. Les pores se dilatent et les toxines s'évacuent. Les courbatures et les tensions disparaissent.

Contre-indications*

Excepté les femmes enceintes, quelques pathologies lourdes comme l'insuffisance cardiaque, les infections aiguës ou tumeurs malignes, la pratique régulière du hammam est excellente pour ressourcer le corps et l'humeur.

* À moins de l'avis contraire d'un médecin.

LAUGAR — ISLANDE

Rendez-vous d'affaires ou d'amoureux, au pays des elfes, le bain chaud ou *laugar*, en plein air, demeure pratique courante. Naturellement chaudes (entre 38°C et 40°C), riches en boue silicieuse blanche, algues et sels minéraux, ces vastes piscines géothermiques, dont la salinité est comparable à celle de la mer, sont excellentes pour les maladies de peau, notamment le psoriasis et l'eczéma. Sur cette terre de feu et de glace, l'espérance de vie est l'une des plus élevées au monde.

Coordonnées: *www.bluelagoon.com*

LOUM — TIBET

Sur le «Toit du monde», la balnéothérapie porte le nom de *loum*, qui signifie «humidifié». Considérés par la médecine traditionnelle tibétaine comme thérapie de rajeunissement, les bains chauds d'eau de source ou d'eau enrichie d'herbes médicinales insufflent équilibre et vitalité, dissipant toxines et énergies négatives. Souverains pour les douleurs articulaires.

Il existe trois types de *loum*:

◢ ***Ciu Loum:*** humidifier avec l'eau. Simple et efficace, cette thérapie est la plus ancienne. Les vertus thérapeutiques du bain varient en fonction des cinq types de minéraux présents dans l'eau. Liées aux cinq éléments (espace, vent, feu, terre et eau), ces eaux thermales, ou enrichies de cinq substances médicinales ou nectars, favorisent la relaxation. La température et la durée du bain fluctuent selon les besoins de la personne et le type d'affections.

- **Lhang Loum:** humidifier avec la vapeur. Il est recommandé pour les déséquilibres de l'humeur *rLung* (le vent) ou *Bad-kan* (le phlegme).

- **Jang Loum:** humidifier en recouvrant. Après le bain médicinal, des compresses d'herbes humides ou de petites bourses remplies d'un ou de plusieurs nectars sont appliquées sur des points précis ou les zones à traiter. Ce soin favorise l'élimination des tensions ou blocages énergétiques.

Les centres de balnéothérapie au Tibet sont appelés *Lum-kan*.

SAUNA FINLANDAIS

Construis ton sauna et après ta maison. (dicton finlandais)

Considéré comme l'emblème de la Finlande, le sauna n'est pourtant pas une invention des Finlandais. Née en Asie centrale il y a plus de 2 000 ans, cette pratique a lentement transhumé vers le nord de l'Europe par la Russie, la Mongolie et la Laponie. Cependant, c'est dans ce pays scandinave que la tradition a été conservée. Depuis ces temps anciens, elle occupe toujours une place prépondérante, voire sacrée dans la vie des Finlandais. On y accomplissait les rites de la vie. Cette pièce intime, propre, avec suffisamment d'eau, était le lieu idéal pour accoucher, faire des saignées et même nettoyer le corps des défunts. Chaque famille possède sa cabine de sauna, y compris dans les appartements. Soit un sauna pour trois habitants.

L'expression «prendre le sauna» désigne à la fois le lieu d'ablutions et le processus de sudation qui se déroule en différentes étapes combinant chaleur, vapeur et ventilation. C'est cet unique amalgame que l'on nomme *löyly* (prononcé lew-u-lu), le grand secret de l'Esprit du sauna.

Jadis, les étuves étaient enterrées ou semi-enterrées. Sobre, dépouillé, le sauna, construit en rondins, à proximité d'un lac ou d'une rivière, est fabriqué à partir de bois d'épicéa finlandais et de bois d'abachi. Généralement, il se compose d'un vestibule pour se déshabiller, d'une douche et d'une pièce avec différentes banquettes en gradins et d'un poêle à bois sur lequel chauffent des pierres volcaniques. Pour conserver la température, les roches doivent être souvent humidifiées d'eau. Auparavant, des plantes étaient macérées dans l'eau pour aromatiser la vapeur et en augmenter les effets relaxants. La plupart des saunas publics sont situés près d'un lac pour se baigner entre deux séances. La tradition comprend également la fustigation avec des branches de jeunes bouleaux feuillues liées ensemble, appelées *vihta* ou *vasta* selon les régions. Se fouetter doucement le corps avec ces rameaux trempés dans l'eau et chauffés sur les pierres a pour but d'activer la circulation sanguine, de contribuer à l'élimination des impuretés et de laisser sur la peau une douce odeur. Lieu de détente et de méditation, le sauna est généralement partagé en famille ou entre amis.

Le cérémonial

Un sauna sans *löyly* n'existe pas en Finlande. Sa température varie entre 70°C et 100°C avec une humidité relative de 15% à 30%. Au cours du bain, on varie le degré de chaleur et d'humidité afin de stimuler l'organisme tout entier.

Le processus de sudation se déroule en plusieurs parties. Avant d'entrer dans le sauna, il faut se doucher pour fins d'hygiène, et pour préparer le corps à la chaleur, puis se sécher. On prend place sur l'une des banquettes, assis sur une petite serviette. Si la chaleur est trop intense, on s'installe sur les bancs inférieurs. Verser une louche d'eau froide sur les pierres brûlantes est l'élément incontournable d'un authentique sauna finlandais. La chaleur sèche, dépourvue de vapeur, ferme les pores, bloquant ainsi le processus de transpiration. Après 10 à 15 min, il faut prendre un bain d'eau fraîche ou froide de quelques secondes, en commençant par les pieds et les jambes, puis se sécher et s'allonger dans la salle de repos pendant une quinzaine de minutes. Renouvelez l'expérience. Au fil de la séance, augmentez l'intensité en versant deux ou trois louches d'eau froide sur les roches. Après 10 à 15 min, terminez par la douche fraîche ou une immersion dans la rivière quelques secondes. Puis, reposez-vous pour une meilleure récupération d'énergie. Vous pouvez renouveler l'expérience une troisième fois.

Restez toujours attentif aux signaux envoyés par le corps. Celui-ci ne ment pas, l'esprit peut jouer des tours.

Il est conseillé de boire de l'eau faiblement minéralisée et non glacée, selon vos besoins.

Bienfaits

⚬ Un antidote à la fatigue et aux douleurs.

⚬ L'alternance de la chaleur, du refroidissement et du repos stimule la circulation sanguine et renforce les mécanismes de défense immunitaires.

⚬ Nettoie et purifie la peau en profondeur.

⚬ Diminue les tensions nerveuses.

⚬ Favorise un sommeil régénérateur.

⚬ C'est aussi la convivialité entre amis et en famille.

Contre-indications*

Excepté les femmes enceintes, quelques pathologies lourdes comme l'insuffisance cardiaque, les infections aiguës ou tumeurs malignes, la pratique régulière du sauna est excellente pour ressourcer le corps et l'humeur.

À moins de l'avis contraire d'un médecin.

Sweat lodge – Amérique du Nord

Rites anciens et sacrés des Amérindiens, les cérémonies sous la hutte de sudation ou *Inipi* en langue lakota, qui signifie «naît encore», sont autant de moments de purification, de guérison, de partage que d'hymnes à la nature. De forme arrondie, construites avec des branches de saule recouvertes de peaux et dont la porte est tournée vers l'ouest, ces tentes sont le symbole de l'utérus et de la terre. Au centre, un foyer de pierres, préalablement chauffées à l'extérieur, bénies avec le tabac et le foin d'odeur, est aménagé. L'homme ou la femme-médecine y disperse quelques plantes telles que la sauge (herbe sacrée) et le genévrier, puis verse l'eau. Chants et sons sacrés accompagnent les quatre étapes – physique, mentale, émotionnelle, spirituelle – au rythme des tambours.

Temazcal – Mexique

Littéralement «maisons de vapeur», ces petites constructions, de forme ronde, symbolisent pour la civilisation maya le retour à la chaleur du ventre maternel. Datant de l'époque préhispanique, ce cérémonial à la fois thérapeutique et spirituel est encore pratiqué de nos jours. Avant de pénétrer dans ce lieu obscur, chacun doit saluer les points cardinaux. À quatre reprises, des pierres volcaniques brûlantes seront déposées au centre de l'adobe, sur lesquelles le shaman ou la *temazcalera* versera une décoction d'herbes aromatiques et médicinales tout en interprétant des incantations associées aux quatre éléments – l'air, le feu, l'eau, la terre – au son des tambours. La vapeur bienfaitrice libère le corps de tous les maux, incite à la méditation telle une renaissance. Comme dans le sauna finlandais, c'est ici que se déroulaient les accouchements.

Massages du monde

Le mot «massage» est officiellement admis dans le dictionnaire au début du XIXe siècle: «Pétrir avec les mains les différentes parties du corps d'une personne qui sort du bain, de manière à rendre les articulations plus souples et la circulation des humeurs plus faciles. L'usage de se faire masser est très commun en Orient. Les femmes de nos contrées, transportées sous le ciel fortuné des Indes, ne passent pas un seul jour sans se faire masser par leurs esclaves et sacrifient des heures entières à cette occupation» (*Dictionnaire de l'Académie Française, 1835*). Éthymologiquement, le terme puise ses racines dans les langues grecque (*massein*, «presser dans les mains»), hébraïque (*mashesh*, «pétrir») et arabe (*mass*, «frotter doucement»). Plus ancienne et la plus simple source de bien-être et de santé, les peuples d'Orient l'utilisent à des fins préventives et thérapeutiques depuis la nuit des temps. Les premières références aux techniques de massage et à leur utilisation sont décrites dans le *Nei Ching ou le Classique de Médecine Interne de l'Empereur Jaune*, en l'an 2700 av. J-C. Le massage fait partie de leurs rites quotidiens et se transmet de génération en génération. Au Ve siècle av. J-C., en Occident, Hippocrate, père de la médecine moderne, le recommande souvent aux malades et écrit: *La route vers la santé passe par un bain parfumé et un massage à l'huile chaque jour*. Qu'il soit vigoureux, doux, avec ou sans huile, le massage procure de multiples bienfaits. Il permet de libérer le corps et l'esprit des toxines internes et externes, de faire circuler l'énergie librement.

AUSTRALIE

Wuri Julma (oo-ri Jul-ma)

Inspiré des méthodes de guérison du peuple aborigène *Kuku Yalanji*, le *Wuri Julma* (prononcé oo-ri Jul-ma), un massage rythmique à l'huile de macadamia –, dont la composition est proche du sébum humain – relâche les blocages, rétablit la circulation des flux énergétiques du corps en combinant points de pression, mouvements en spirale et aromathérapie.

CAMBODGE

Traditionnel massage khmer

Fortement influencé par la médecine thaïe et la médecine traditionnelle chinoise, ce massage combine étirements et points de pression en suivant le trajet des méridiens. Un massage profond qui soulage toutes tensions et douleurs, améliore la flexibilité et tonifie.

CHINE

Chi Nei Tsang

Signifiant «travailler l'énergie des organes internes» ou «transformation du *Chi* des organes internes», ce massage du ventre – temple des organes internes (les intestins constituent un deuxième cerveau, car composés de neurones, de protéines et de neurotransmetteurs autonomes) – était pratiqué par les moines taoïstes chinois. Grâce à la respiration et au toucher à la fois léger et profond, il permet de désintoxiquer, d'affiner et de fortifier le corps tant physique qu'émotionnel. Ce soin régénérateur agit sur les différents systèmes du corps: digestif, nerveux, lymphatique, musculaire, respiratoire, etc.

Coordonnées: Katia Quijano, Plateau Mont-Royal, ☎514-678-3622, *quijanokatia@yahoo.ca*

Réflexologie

Petite sœur de l'acupuncture, cet art millénaire part du principe que le pied est le reflet de l'organisme tout entier. Agissant aussi bien sur les systèmes nerveux, digestif, endocrinien, circulatoire et lymphatique, la réflexologie permet de déceler blocages, vides ou trop plein. Par pressions plus ou moins fortes, pétrissages, effleurages, les 72 000 terminaisons nerveuses qui parcourent le pied sont stimulées. Outil préventif et curatif, d'une efficience remarquable, la réflexologie travaille la cause du problème et pas seulement les symptômes, rétablissant ainsi l'harmonie.

Tuina

«La main qui procure l'harmonie en poussant, en pressant, en stimulant, en mettant en mouvement», d'après les idéogrammes chinois. Au même titre que la pharmacopée et l'acupuncture, le *Tuina* est une discipline de la médecine traditionnelle chinoise. Ce massage léger et profond élimine les blocages, rééquilibre le *Qi*, en alternant de multiples techniques (frottement, pétrissage, vibration, traction, pincement, roulement, pression, malaxage). Il est particulièrement efficace pour soulager de nombreux maux courants (asthme, rhume, migraine, nervosité, troubles digestifs et circulatoires, etc.), douleurs musculaires et articulaires. Ce massage revigorant sans huile peut se pratiquer sur une personne nue ou habillée de vêtements amples.

Coordonnées: Formation Massage Tuina par Liu Zelan de l'Institut de Qigong du Québec, 10 avenue des Pins O., Montréal, ☎514-735-1847, *www.quebec-qigong.com*

HAWAII

Lomi-lomi

Issu de l'art traditionnel de guérison, ce travail corporel était pratiqué, par les *Kahunas* (guérisseurs) dans les temples lors de rituels sacrés au rythme des chants et percussions. Par pressions glissées des mains et avant-bras; étirements délicats; acupressions et pétrissages, liés aux quatre éléments (air, feu, terre et eau), ce massage procure un réel «lâcher prise».

«*O Mana Aloha*», le divin pouvoir de l'amour, décrit à merveille l'essence de cet art ancestral.

Coordonnées: Studio Bliss, 3841 boulevard Saint-Laurent, Montréal, ☎514-286-0007, *www.studiobliss.ca*

INDE

Abhyanga

Massage du corps à l'huile chaude enrichie de plantes médicinales, choisie selon votre *dosha*, la saison, votre état général, etc. Alternant pétrissages, tapotements, pressions et longs effleurages plus ou moins lents et vigoureux, ce soin classique, profondément apaisant et purifiant, est adapté à la constitution de la personne (*vata*, massage lent, enveloppant et enracinant; *pitta*, relaxant; *kapha*, stimulant, à sec ou avec très peu d'huile) et a un effet rajeunissant sur tout le corps. Suivi d'un bain vapeur sous une tente (*swedana*), qui, combiné avec des plantes, favorise une plus grande détente et détoxication.

Coordonnées: Nicole Thériault, Spa Zazen, Montréal, ☎514-287-1772, *treeofhealth@ sympatico.ca*; Suzana Panasian, 5434 avenue Brodeur, Montréal, ☎514-313-3363, *www. ayurvedamontreal.com*

Kansu

Massage indien de la plante des pieds avec un bol en alliage de plusieurs métaux et du *ghee* (beurre clarifié). Indiqué pour les personnes colériques, dépressives, anxieuses. Il est à la fois apaisant et revigorant.

Navarakizhi ou Pinda Sweda

Le corps, préalablement huilé, est massé avec des baluchons (*kizhi*) composés de riz cuit dans une décoction de lait chaud et de plantes médicinales. Cette variété de riz, le *navara*, est réputée pour ses propriétés antineuropathiques. Le massage se pratique par des mouvements de rotation, pressions et frottements, en insistant sur les articulations. Ce traitement, à la fois équilibrant et revitalisant, est bénéfique pour les douleurs articulaires et osseuses, rhumatismes chroniques, faiblesse du système nerveux.

Coordonnées: Nicole Thériault, Spa Zazen, Montréal, ☎514-287-1772, *treeofhealth@ sympatico.ca*

Padaghat

Autrefois, ce massage à l'huile pratiqué avec les pieds était réservé aux guerriers. Profond, il améliore la circulation sanguine, lymphatique et énergétique; libère les courbatures et contractures musculaires en exerçant des pressions sur les points vitaux spécifiques ou *marmas* situés le long des *nadis* (canaux subtils à travers lesquels circule le *prana*).

Pizichilli ou pichauli

Également appelé «le soin des maharadjahs», ce bain royal, à l'huile ayurvédique chaude (entre deux et quatre litres), est pratiqué par deux thérapeutes. Très doux et très profond, ce massage du corps retarde le vieillissement en nourrissant la peau et les tissus en profondeur, procure une extraordinaire sensation de bien-être, proche du nirvana.

Shirodhara

Un filet continu d'huile tiède coule sur le front (à la hauteur du troisième oeil) dans un mouvement précis de va-et-vient. Accompagné d'un massage du cuir chevelu. Ce soin majeur de la médecine ayurvédique est idéal contre les insomnies, les migraines, le manque de concentration et les pertes de mémoire.

Coordonnées: Nicole Thériault, Spa Zazen, Montréal, ☎514-287-1772, *treeofhealth@ sympatico.ca*; Suzana Panasian, 5434 avenue Brodeur, Montréal, ☎514-313-3363, *www. ayurvedamontreal.com*

JAPON

Amma

Puise ses racines dans les arts traditionnels de massage chinois (de *AnMo*, qui signifie «appuyer et frotter»). Il fut introduit au pays du Soleil levant au début de l'ère Asuka, au VIe siècle de notre ère, et devint le massage *Amma* ou *anma* – «calmer par le toucher» –, une pratique qui fut longtemps réservée aux non-voyants. Le massage s'effectue sans huile (on le reçoit habillé de vêtements souples) et intègre différents mouvements et techniques s'enchaînant selon une chorégraphie précise et structurée appelée *kata*: percussions, étirements, mobilisations, pressions avec les pouces, les avant-bras, les paumes sur les *tsubos* (points d'acupuncture). Ce traitement revitalise, procure une profonde détente, favorise une meilleure circulation. Il est à la base de toutes formes d'acupression dont le shiatsu moderne.

Shiatsu

Cette méthode découle du massage *Amma*. Depuis 1955, le ministère de la Santé du Japon reconnaît le shiatsu – littéralement «pression» (*atsu*) «avec les doigts» (*shi*) – comme médecine à part entière et le définit comme suit: «une forme de manipulation qui utilise les pouces et les paumes des mains, sans aucun instrument mécanique ou autre, qui applique une pression sur la peau humaine, pour corriger le mauvais fonctionnement interne, favoriser et maintenir la santé, et traiter les maladies spécifiques». Préventif et curatif, le shiatsu se pratique sur un futon, et on le reçoit habillé de vêtements légers.

MALAISIE

Massage traditionnel malais

Une combinaison de mouvements longs, enveloppants, rythmés et de pressions sur certains points du corps. Un massage à l'huile (curcuma, cannelle, citronnelle, ail et oignon) qui revigore la circulation. Le traitement se conclut par un tonic aux herbes et aux bourgeons de fleurs assurant l'éternelle jeunesse.

THAÏLANDE

Nuad bo rarn

Signifie «ancien massage». Vieux de plus de 2 500 ans, cet art traditionnel, fondé par un médecin bouddhiste indien, puise ses racines dans la sagesse de la médecine ayurvédique. Transmis de maître à élève, il est essentiellement enseigné dans les temples, notamment Wat Phô, à Bangkok. Il se compose d'un enchaînement de mobilisations, étirements, pétrissages musculaires, compressions circulatoires, pressions des paumes, pouces et coudes, sur les lignes d'énergie appelées *sen*. Raison pour laquelle il est souvent appelé *thaï yoga massage*. Particulièrement recommandé en cas de fatigue, tensions musculaires, blocages et autres maux courants (stress, insomnies, problèmes digestifs, circulatoires, etc.). Il se pratique au sol, et on le reçoit habillé de vêtements confortables. Avant de commencer le soin, le praticien récite une prière afin que l'esprit du maître Shivago Kormapaj, considéré comme le père de la médecine thaïlandaise, protège le patient et le garde en bonne santé.

Coordonnées: Lotus Palm, 5337 boulevard Saint-Laurent, bureau 240, Montréal, ☎514-270-5713, *www.lotuspalm.com* – formations proposées

Nuad thao

À l'aide d'un petit bâtonnet de buis et par pression des paumes et des pouces, associés au baume qui sent bon le camphre et le menthol, l'ensemble de la jambe (des pieds aux genoux) est à la fois longuement massée et chaque point réflexe stimulé. En agissant sur l'ensemble du corps, ce massage a de nombreux effets bénéfiques: favorise la détente, améliore la circulation (jambes lourdes, rétention d'eau), élimine les toxines, les troubles digestifs, etc.

Coordonnées: Mélanie Venne, formée à l'école située à l'intérieur du temple Wat Phô à Bangkok, Montréal, ☎514-523-1310, *www.nuadthao.com*

TIBET

Ku Nye

Ku signifie «application d'huile, beurre», etc. *Nye* fait référence au «travail sur les muscles, les tendons, la peau». Ce massage trouve son origine dans le royaume de Zhang Zhung. Il est l'une des six thérapies externes de la médecine traditionnelle tibétaine, *Gso-Ba-Rig-Pa*, science de la guérison. Vieux de 4 000 ans, ce soin thérapeutique, pratiqué généralement au sol, a pour but d'harmoniser les trois humeurs (ou constitutions), appelées *Nyépa* qui sont: *rLung*, le vent; *mKhris-pa*, la bile; *Bad-kan*, le phlegme. Lorsque l'équilibre de ces trois forces vitales est perturbé, maux et maladies s'installent. Pratiqué avec une huile chaude enrichie de plantes médicinales et de minéraux appropriée à l'humeur et aux débalancements de la personne, le massage *Ku Nye* (prononcé coon-yee), profondément relaxant, comprend diverses manœuvres: pétrissages, mouvements circulaires, frottements, tapotements, points de digitopression. Selon les besoins, le praticien peut ajouter la thérapie par la chaleur, *srowa* (moxibustion, pierres chaudes, ventouses, etc.). La séance se termine par le *Chi*, qui consiste à retirer l'excès d'huile avec une poudre de pois chiche ou d'orge qui laisse l'épiderme doux et lui redonne son élasticité. Ce rituel sacré commence toujours par la récitation d'un *mantra*.

Coordonnées: *www.iattm.net* (formations proposées)

VIETNAM

Diên Chân

Cette réflexologie faciale fut inventée par le professeur-acupuncteur Bùi Quôc Châu en 1980. Préventive et curative, cette méthode consiste à stimuler des points réflexes sur le visage (plus de 500 points sont répertoriés) avec différents ustensiles ou tout simplement la pulpe des doigts, afin d'agir à distance sur l'organe ou la zone correspondants. Miroir de l'organisme tout entier, de notre état physiologique et émotionnel, le visage est «considéré comme le lieu d'information et contrôle tout le corps». Par la stimulation de certains points précis, le *Diên Chân* aide le corps à retrouver son propre équilibre, à s'autoguérir.

Au Vietnam, plus de 4 millions de personnes furent soignées uniquement par cette méthode (troubles digestifs ou circulatoires, rhumatismes, affections cutanées, inflammations musculaires ou articulaires, etc.).

Coordonnées: *www.reflexologiefaciale.fr* (formations offertes à Montréal)

Bouger autrement
méthodes corporelles de bien-être

C es techniques ont toute une histoire, celles de personnes qui, à la suite d'une blessure, ont développé une nouvelle façon d'apprivoiser le corps, de lui redonner toute son intelligence. Une façon unique de sentir que le corps travaille à un autre rythme, tout en douceur, avec plaisir, sans esprit de compétition, «ce besoin de reprendre chair dans l'existence». À chacun de trouver la méthode qui correspond le mieux à ses goûts et à ses attentes.

Méthode Feldenkrais

Développée par Moshé Feldenkrais – docteur en sciences physiques, d'origine russe, également l'une des premières ceintures noires de judo en Europe – à la suite d'un traumatisme au genou. Sa méthode s'appuie sur quatre piliers: le mouvement, la sensation, le sentiment et la pensée. Adaptée à tous, quels que soient votre âge et votre condition physique. Séances individuels ou de groupe.

Bienfaits

Relâche les tensions, améliore la flexibilité et la mobilité sans effort inutile.

Système d'expansion Gyrotonic

(gyro signifie «cercle» – tonic, «force et élasticité»)

Cette méthode d'entraînement originale et unique, inventée par le danseur hongrois Juliu Horvath, intègre la respiration fluide du yoga aux principes de mouvements de base de la natation, de la danse, du tai-chi chuan et de la gymnastique. Reconnue comme l'une des formes d'entraînement et de rééducation les plus évoluées au monde, elle se pratique sur une machine équipée de câbles, de poulies et de poids.

Bienfaits

Par des mouvements circulaires et amples, combinés à une respiration spécifique, les articulations s'assouplissent, les muscles profonds s'allongent et se tonifient tout en finesse. La Gyrotonic améliore la posture, stimule la circulation sanguine et lymphatique, améliore l'endurance, la souplesse et la coordination. En Suisse et en Allemagne, les séances de Gyrotonic remboursées par la sécurité sociale. Séances individuelles qui s'adressent à tous les niveaux et à tous les âges ainsi qu'aux femmes enceintes.

Pilates

Un ensemble d'exercices spécifiques, coordonnés, basé sur l'enseignement et la philosophie de Joseph Pilates répondant à six principes: la concentration, le centre (la région abdominale, située juste sous le nombril, est le point de départ de tout mouvement), le maintien, la respiration, la précision et la fluidité. Accessible à tous. Se pratique sur appareils ou sur tapis. Cours particulier ou en petits groupes.

Bienfaits

Réduit les tensions, tonifie les muscles abdominaux et dorsaux, améliore la force, la coordination, l'alignement et l'équilibre du corps. Favorise la circulation.

TECHNIQUE ALEXANDER

Inventée au début du siècle dernier par un chanteur australien, F. Mathias Alexander, aux prises avec des problèmes d'aphonie. Il mit en évidence l'interaction constante entre le physique, le mental et l'émotionnel, la relation juste et dynamique entre la tête, le cou et la colonne vertébrale.

Bienfaits

Cette technique élimine les mauvaises habitudes de posture et de respiration, source de douleurs et de tensions au quotidien (maux de dos, fatigue, manque de souplesse, etc.). S'adresse à tous. Séances individuelles.

QI GONG

(Qi, littéralement «souffle et énergie»; Gong signifie «œuvre, travail»)

Cette gymnastique énergétique, basée sur l'équilibre du yin-yang, constitue l'une des cinq branches de la médecine traditionnelle chinoise. Elle associe mouvements simples, souples et lents, étirements et ondulations, associés à la respiration et à la concentration.

Bienfaits

Améliore la souplesse, la coordination, apaise l'esprit et améliore la concentration, favorise la circulation du *Qi*, stimule les principaux points d'acupuncture. Elle favorise la santé et la longévité. S'adresse à tous. Les mouvements varient selon la saison.

YOGA

Le yoga est l'ensemble des techniques corporelles, psychologiques et spirituelles qui vient à assurer au pratiquant une paix intérieure et une sérénité durable. Patañjali

◆ **Pour les personnes *Vata*.** Privilégiez la respiration alternée, des postures assises et allongées, douces, lentes, fluides pour calmer l'esprit et s'ancrer; des étirements; des flexions avant pour libérer la région du bassin, les jambes. Stabilité et régularité.

◆ **Pour les personnes *Pitta*.** Privilégiez une pratique calme, détendue, sans compétition. Évitez les pièces chaudes, les heures *Pitta* (entre 10h et 14h), les postures sur la tête. Sont recommandées les postures de torsion, celles qui libèrent les tensions du ventre, la respiration rafraîchissante, le *Prânayama Sitali* (placez la langue en *U* entre les lèvres, baissez la tête, rentrez le menton et inspirez par ce tube; expirez par le nez).

◆ **Pour les personnes *Kapha*.** Privilégiez des postures énergisantes, dynamiques, successives. De préférence le matin (entre 6h et 10h). Le *Prânayama Kapalabhati* dégage les voies respiratoires, stimule la digestion et l'élimination, agit comme massage tonifiant des organes abdominaux (expirations et inspirations rapides et énergiques, sans arrêt, 20 fois, puis expulsez l'air violemment en contractant les muscles abdominaux; débutez par une expiration énergique avec les deux narines en contractant le ventre, puis une inspiration naturelle et une nouvelle expiration énergique et ensuite les répétitions).

Référez-vous au tableau-test des pages 158 à 163 dans le chapitre «Ayurvéda» pour savoir si vous êtes une personne de type Vata, Pitta ou Kapha.

Prânayama

La vie est la période de temps entre une respiration et la suivante, une personne qui respire à moitié vit à moitié. Celui qui respire correctement acquiert la maîtrise de son être. Hatha Yoga Pradipika

Le *Prânayama* ou science de la respiration: *Prana* signifie «souffle, énergie, vie»; *Yama* signifie «maîtrise»; *Â-yama* signifie «étirement, extension».

Ce rituel quotidien, pratiqué à jeun, le matin ou le soir avant le repas, «purifie les canaux d'énergie et amène la détente». En Inde, il a lieu 48 min avant le lever et le coucher du soleil.

«Après avoir pris un bain pour purifier le corps physique externe et s'être rincé la bouche, il convient de réguler les organes internes par le *Prânayama* et de les purifier par lui».

Technique de la respiration alternée

Assis confortablement dans un espace calme et agréable, les yeux fermés, le dos droit:

- Bouchez doucement la narine droite avec le pouce droit. Expirez lentement par la narine gauche et inspirez par la narine gauche, sans forcer (souffle dit froid).

- Bouchez doucement la narine gauche avec l'annulaire de la main droite. Expirez par la narine droite et inspirez par cette même narine (souffle dit chaud)

- Bouchez la narine droite avec le pouce droit. Expirez par la narine gauche et inspirez par cette même narine.

- Poursuivez cette respiration pendant plusieurs minutes (entre 5 et 10 min).

Chaque cycle doit toujours commencer par une expiration (*Apâna*, le «souffle de l'expiration») et terminer par une inspiration (*Prâna*, le «souffle de l'inspiration»). À l'expiration, le ventre s'abaisse. À l'inspiration, le ventre se gonfle.

Bienfaits

Purifie le sang, corrige les troubles pulmonaires (asthme, allergies, etc.); apaise le système cardiaque et nerveux; augmente la vitalité; améliore la concentration, etc.

MÉDITATION

La méditation est un des arts majeurs dans la vie, peut-être l'art le plus suprême, et on ne peut l'apprendre de personne: c'est sa beauté. Il n'a pas de technique, donc pas d'autorité. Lorsque vous apprenez à vous connaître, observez-vous. Observez la façon dont vous marchez, dont vous mangez, ce que vous dites, les commérages, la haine, la jalousie. Être conscient de tout cela en vous, sans option, fait partie de la méditation. J. Krishnamurti

Assis en tailleur, jambes croisées, le dos bien droit, les mains jointes au niveau du nombril ou posées sur les genoux, paumes vers le ciel, les muscles relâchés, les yeux fermés ou ouverts (selon la tradition), à voix haute ou non, conscient de votre respiration, fluide et continue. Laissez passer le flot d'idées, librement, comme les nuages poussés par le vent, sans attachement ni contrôle. Intime, unique, différente pour chacun et chaque fois, la méditation permet de retrouver le calme intérieur, «un véritable rendez-vous avec soi-même».

YOGA DES YEUX

Pour la médecine ayurvédique, les yeux sont intimement liés au foie et au mental. Maux de tête, fatigue, picotements, baisse de l'acuité visuelle, le yoga des yeux fait de plus en plus d'adeptes. Une gymnastique douce et simple pour détendre, améliorer, entretenir la vision et illuminer le regard.

Quelques exercices préventifs et curatifs

◢ Pour relaxer les yeux: frottez vos paumes l'une contre l'autre, puis posez-les sur vos yeux fermés, sans les toucher.

◢ Pour améliorer la vue: trempez une mèche de coton dans du *ghee*, allumez-la et fixez la flamme pendant une vingtaine de minutes.

◢ Massage de la plante des pieds au bol *Kansu*.

Secrets
des cosmétiques
bios et traditionnels

pour le respect et le bien-être de la peau,
de l'organisme et de l'environnement

L e mot «cosmétique» tire son origine du grec *kosmos*, qui désigne à la fois l'ordre et la parure (*kosmêtikê tekhnê*: l'art de la parure). Le mot «bio», du grec *bios*, signifie littéralement la vie, le vivant.

La peau demeure le plus grand organe du corps humain, un tissu perméable, précieux et fragile, un lien d'échanges entre le monde intérieur et extérieur. Elle se gorge d'environ 60% des substances qui lui sont appliquées, ce qui veut dire que le corps peut absorber jusqu'à 2 kg de produits synthétiques par an. Quelque 9 000 substances chimiques sont utilisées chaque année par l'industrie cosmétique traditionnelle. Les risques pour l'être humain et l'environnement résident dans les effets cumulatifs et l'utilisation à long terme de ces substances. Notre écosystème ne reconnaissant pas ces molécules de laboratoire, celles-ci peuvent donc provoquer des réactions plutôt désagréables, voire irrémédiables: allergies, rougeurs, intolérance, perturbations hormonales, anomalies de croissance et de développement, etc. La peau est composée de trois couches successives: l'épiderme (1 mm), le derme (3 mm) et l'hypoderme. La couche supérieure de l'épiderme peut être comparée à une émulsion puisqu'elle se compose d'eau (la sueur) et de graisse (le sébum) qui sont mêlées au cholestérol et à la lécithine, naturellement présents, pour former une couche protectrice. Le but d'un produit cosmétique est donc d'apporter des éléments nutritifs pour préserver ou rétablir cet équilibre si fragile. Au même titre qu'une alimentation équilibrée, le sommeil, l'activité physique, le soleil en quantité raisonnable, le rire, la méditation, les massages, les loisirs, la cosmétique biologique et éthique contribue à notre santé, à notre beauté et à nos humeurs.

La nature est éternellement jeune, belle et généreuse. Elle possède le secret du bonheur, et nul n'a su lui ravir. George Sand

Les cosmétiques bios sont garantis:

- sans alcool

- sans colorants, ni conservateurs artificiels (parabens, phénoxyéthanol)

- sans produits de synthèse

- sans glycérine, paraffine ou vaseline

- sans PEG (polyéthylène glycol) ni silicone

- formulés à partir de matières premières sauvages ou certifiées biologiques, cultivées sans engrais ni pesticides

- sans organismes génétiquement modifiés (OGM) ni composants irradiés

- non testés sur les animaux

- avec emballage léger, biodégradable ou recyclable

Dans sa campagne Vigitox, Greenpeace (organisation mondiale à but non lucratif, présente dans 40 pays) dénonce la toxicité d'ingrédients communément contenus dans certains produits cosmétiques et parfums, mondialement connus et reconnus. Téléchargez le guide COSMETOX: *www.greenpeace.org/raw/content/france/vigitox/documents-et-liens/ documents-telechargeables/guide-cosmetox.pdf* et PARFUM DE SCANDALE: *www.greenpeace. org/france/press/reports/parfum-de-scandale.pdf*.

Le prix élevé des petits pots: un impur argument marketing rassurant les consommateurs qui pensent que qualité rime obligatoirement avec prix élevé. Illusion! En fin de compte, vous payez pour de coûteuses campagnes publicitaires et leur cortège de fausses promesses. Autre subversion, le terme «naturel» exploité avec habileté par de nombreuses sociétés qui prétendent utiliser des ingrédients purs. En vérité, ce mot, si évasif, reste le moteur économique d'un produit pauvre, une communication qui joue sur cette soif de pureté, d'authenticité, de retour aux sources et aux traditions. Prudence également par rapport à certaines marques qui usent habilement du créneau «commerce équitable». Derrière ces valeurs d'équité, de responsabilité et de développement durable se cache parfois un cocktail de toxiques industriels.

Ne restons pas muet et passif, il est de notre responsabilité quotidienne, individuelle puis collective «d'être le changement que nous voulons voir dans le monde». Gandhi

Composition d'un produit cosmétique

Les produits cosmétiques sont composés de façon identique ou presque: excipients, principes actifs et additifs. Tous les petits pots doivent obligatoirement classer les ingrédients par ordre décroissant de concentration. Cependant, aucune précision n'est indiquée quant au degré de toxicité des ingrédients utilisés. Les langues utilisées demeurent le latin pour les ingrédients naturels et l'anglais pour les ingrédients d'origine naturelle qui ont subi une transformation et pour les ingrédients de synthèse (issus de la chimie). Contrairement à la cosmétique traditionnelle, la cosmétique bio met l'accent sur la qualité, la quantité et l'origine de ces matières premières, le procédé de transformation et de fabrication, l'emballage recyclable ou biodégradable.

De nombreux problèmes de peau sont souvent dus à des produits trop abrasifs et à des soins non appropriés. Or l'épiderme a besoin de douceur, d'où l'importance de l'excipient.

1 - Un excipient

est la base la plus importante: 80% de l'efficacité du produit, quantitatif et qualitatif, dépend de l'excipient. Il joue un rôle primordial pour équilibrer, maintenir l'humidité, protéger du dessèchement et restaurer la barrière hydrolipidique. L'excipient facilite la diffusion puis l'absorption du principe actif dans notre épiderme. Un bon excipient soigne la peau, évite les allergies et/ou les comédons. Sans excipient de haute qualité, les agents actifs, même les plus performants, ne sont d'aucune utilité. Dans la plupart des cas, l'excipient est composé de plusieurs substances: aqueuse pour hydrater (l'eau par exemple), huileuse et/ou cires pour nourrir et émulsifiants.

Cosmétique bio

substance aqueuse: eau de source, eaux florales ou aloès. Huile/cire: végétale de première pression à froid, cire d'abeille, beurre de karité, etc., qui sont naturellement gorgés de principes actifs stimulant les capacités de la peau à se régénérer.

Cosmétique traditionnelle

eau non purifiée + cires de silicone: diméthicone, triméthicone et autres composés se terminant par -cone (nocifs pour l'environnement) ou huiles minérales synthétiques qui proviennent des déchets purifiés de l'industrie pétrolière (paraffine, *paraffinium liquidium*, ozokérite, *cera microcristallina*, *petrolatum* ou vaseline). Ces huiles sans aucune propriété nutritive sont faciles à travailler et bon marché. L'Organisation mondiale de la santé (OMS) a prouvé que les huiles minérales empêchent la peau de respirer. Les toxines et déchets sont donc stockés dans l'organisme et endommagent le foie.

2 - Les émulsifiants ou tensio-actifs

permettent aux ingrédients aqueux et huileux de se mélanger pour former une émulsion. Ils jouent un rôle déterminant pour obtenir les textures voulues et sont d'importants agents stabilisants.

Cosmétique bio

◢ Émulsifiants d'origine végétale, par exemple Cetearyl Alcohol, Cetyl Alcohol, Glyceryl Stearate, les géléfiants (gomme de guar, agar-agar, gomme d'acacia, etc.), Coco-Betaine, lécithine de soya, amidon de riz, etc.

Cosmétique traditionnelle

◢ Acetanilid: agent stabilisateur utilisé dans les parfums et les préparations. Douteux sur le plan toxicologique.

◢ Acid Stearic: obtenu à partir du gras animal.

◢ Les APE (alkyphénol éthoxylate) sont identifiés comme perturbateurs endocriniens. Le plus controversé demeure le nonylphénol.

◢ PEG (polyéthylène glycol) et PPG (polypropylène glycol) sont des émulsifiants qui ont la consistance d'un liquide ou d'une cire. Peu coûteux, ils s'associent aussi bien à l'eau qu'à l'huile. Ils sont élaborés à partir de gaz employé comme gaz de combat – hautement réactifs, toxiques – et d'un procédé chimique très inflammable, l'éthoxylation. Perturbateurs endocriniens démontrés, risque de malformations fœtales. Plus leur chiffre est élevé, ex.: PEG-75 Lanolin, plus ils sont réactifs.

◢ SLS (Sodium Lauryl Sulfate): dégraissant pour la peau. Responsable d'irritations cutanées et allergiques de la peau, des yeux et des muqueuses.

◢ SLES (Sodium Laureth Sulfate), le *th* du mot «laureth» démontre sa forme éthoxylée. Il est légèrement mois irritant que le SLS, mais peut être plus asséchant. Il est contaminé avec un cancérigène très violent, la dioxane, et il est très facilement absorbé par la peau.

3 - Les principes ou agents actifs

sont reconnus pour leurs nombreuses propriétés et vertus. Un produit bio contient généralement 35% de principes actifs contre à peine 1% pour un produit traditionnel.

Cosmétique bio

les algues, l'aloès*, les extraits naturels de végétaux (romarin, ginkgo biloba, thé vert, etc.), la gelée royale, l'argile, les minéraux (dioxyde de titane pour les filtres solaires).

* L'aloès stimule la production de collagène, d'élastine et accélère le processus de renouvellement cellulaire.

Ne pas confondre les composés d'aluminium (chlorure ou chlorhydrate d'aluminium) utilisés en cosmétique traditionnelle et les aluns fréquemment utilisés dans les déodorants de produits cosmétiques bios.

◢ La pierre d'alun naturelle est identifiée comme «Potassium Alum», un sel composé de sulfate d'aluminium, de potassium et d'eau de cristallisation.

◢ La pierre d'alun synthétique, qui provient principalement de la Thaïlande, est identifiée comme «Ammonium Alum», à base de sel d'ammonium $(NH_4)2SO_4$, sous-produit de l'industrie chimique de nylon.

Cosmétique traditionnelle

◢ AHA (Alpha Hydroxy Acid), utilisé par les dermatologues pour les traitements contre l'acné ou les dartres. Ces produits sont très irritants pour la peau puisqu'ils éliminent la barrière protectrice de l'épiderme. À employer avec beaucoup de précaution. S'ils sont utilisés en concentration trop élevée, ils peuvent causer irritations, brûlures, rougeurs, eczéma et allergies.

◢ Le collagène est une protéine du tissu conjonctif présent dans l'organisme humain et animal, responsable de la fermeté et de l'élasticité de la peau. Très courante en cosmétologie, cette protéine fibreuse, d'origine bovine, censée rajeunir, crée une barrière puisque insoluble et trop grosse pour pénétrer à l'intérieur du tissu conjonctif. À la suite du scandale de la vache folle, certaines marques de cosmétiques utilisent le collagène extrait de la peau de carpe argentée.

4 - LES ADDITIFS

sont très variés (colorants, conservateurs, antioxydants), et ils stabilisent les préparations ou modifient les caractéristiques, par exemple pour colorer, parfumer et conserver.

Cosmétique bio

Conservateurs: certaines huiles végétales de première pression à froid et huiles essentielles sont d'excellents conservateurs. La vitamine E (tocophérol) empêche l'oxygène de dégrader les produits. L'acide phytique, extrait du son de blé ou de riz, stabilise les préparations et les protège de l'oxydation.

Cosmétique traditionnelle

◢ Les BHA (E320) et BHT (E321): antioxydants synthétiques utilisés pour éviter que les huiles ne rancissent. Le Centre international de recherche sur le cancer (CIRC) classe cette substance parmi les cancérigènes possibles et susceptibles de perturber la fonction endocrinienne (effet œstrogénique).

◢ Les phénoxyéthanols sont toxiques pour l'appareil reproducteur. Ces conservateurs ne sont pas biodégradables.

◢ Les nitrosamines* ou nitrosodiéthanolamines sont classées comme substances cancérigènes par l'Organisation mondiale de la santé. Elles sont présentes dans les shampooings, savons liquides, bains moussants, lotions corporelles, protections solaires à base de PABA, également dans l'alimentation, le caoutchouc, le tabac etc. Rapidement absorbées par la peau, elles s'accumulent dans les organes. À éviter: TEA, DEA, MEA, PABA, etc. Les TEA, DEA et MEA servent à ajuster ou à stabiliser le pH. Le PABA est quant à lui utilisé comme filtre contre les rayons UVA et UVB.

* Une interaction entre agents de conservation (nitrites ou nitrates) et autre substance comme le TEA, le DEA ou le MEA.

◢ Les parabens: conservateurs qui, à des degrés variables, perturbent le système endocrinien et reproducteur. Haut pouvoir allergisant. Par exemple: butylparaben, isobutylparaben, méthylparaben, etc.

◢ Les phtalates: agents fixateurs, cachés par le terme générique «parfum» sur l'étiquette. Classés comme toxiques pour le système reproducteur. DPB et DHPB sont les plus dangereux. Le DEP, modificateur du système endocrinien, est interdit dans les jouets en plastique. Il est fréquemment utilisé comme dénaturant de l'alcool contenu dans les parfums. Selon les Amis de la Terre: *les phtalates sont persistants et bioaccumulatifs, en plus d'être des polluants répandus dans l'environnement et le corps humain. On les retrouve par exemple dans le lait maternel.*

◢ Le chlorhydrate d'aluminium (sel d'aluminium) et le triclosane sont des bactéricides utilisés dans les déodorants. Le chlorhydrate d'aluminium empêche la sueur de s'évacuer et peut, par une utilisation répétée, endommager les glandes sudoripares. Soupçonné de forte toxicité, le chlorhydrate d'aluminium est incriminé dans le cancer du sein et très fortement suspecté dans la maladie d'Alzheimer (effet cumulatif dans le cerveau). Quant au triclosane, il s'agit d'un produit chloré hautement réactif qui peut perturber le bon fonctionnement du foie. Présents dans les savons, dentifrices et déodorants.

◢ Les formaldéhydes (produits de soins buccaux, vernis, durcisseur d'ongles), reconnus comme substances allergènes et cancérigènes. Leur taux ne doit pas dépasser 0,2% pour la conservation, 0,1% dans les produits de soins buccaux et 5% dans les durcisseurs d'ongles. Lors d'un contact prolongé avec l'eau, certaines substances libèrent des formaldéhydes: DMDM, hydantoïne, Quaternium-15, bronopol.

◢ Le propylène glycol: puissant irritant de la peau. Il peut causer des déformations du foie et des dommages rénaux. Présent dans les lotions corporelles, déodorants, shampooings, gels coiffants, crèmes, maquillage, etc., il est également utilisé comme antigel industriel.

◢ Les éthers de glycol: phénoxyéthanol, butoxyéthanol, éthoxydiglycol, etc. Depuis les années 1980, de nombreuses recherches ont démontré leurs effets irritants, toxiques sur le développement de l'embryon et les fonctions de reproduction. Ce sont des solvants dérivés soit de l'éthylène glycol ou du propylène glycol. Présents dans de nombreux produits: peinture, vernis, colles, agents d'entretien, cosmétiques, etc.). À éviter: EGEE, EGME, DEGME, 2PGME, etc.

◢ Les EDTA (acide éthylène diamine tétraacétique): difficilement dégradables. Principalement employés dans les savons, shampooings, gels douche et démaquillants.

Ils ont pour caractéristiques de fixer les métaux lourds, par exemple. Les composés de muscs artificiels contribuent à la fragrance des parfums et se fixent dans les tissus. Les muscs nitrés sont de moins en moins produits à cause de leur toxicité pour l'environnement et la santé. Les muscs polycycliques sont fortement déconseillés par les spécialistes.

◢ Les amines aromatiques: substances de base des colorants d'oxydation. Substances toxiques, responsables d'eczéma, d'allergies et suspectées d'accroître les risques de cancer. Les colorants azoïques (colorants à base de goudron synthétique) sont particulièrement critiques sur le plan toxicologique.

Les certifications et les labels

Actuellement, les normes sont variables d'un pays à l'autre, d'un label à l'autre. Certaines marques n'ont de naturel que le discours et les petits noms. Face à la mondialisation croissante des produits cosmétiques bios, depuis 2006 quatre associations (Écocert, France; Soil, Angleterre; BDIH, Allemagne; AIAB, Italie) travaillent conjointement à l'élaboration de la future charte de la cosmétique bio à l'échelle européenne. Pour que la démarche soit cohérente, engagée et responsable, ce futur cahier des charges se doit d'être exigeant, rigoureux et indépendant. Par respect pour la peau, les êtres humains et les ressources de la Terre.

BDIH

est l'association fédérale des entreprises commerciales et industrielles allemandes pour les médicaments, les produits diététiques, les compléments alimentaires et les soins corporels; elle a été créée en 1951. Les produits sont reconnus depuis 2001 par le label «Cosmétiques Naturels Contrôlés». Cette liste contient 690 composants autorisés sur les 20 000 répertoriés. Un seul ingrédient non autorisé exclut la certification du produit entier. Aucun minimum bio imposé, par contre huiles végétales et huiles essentielles doivent obligatoirement être issues de l'agriculture biologique. Le certificat de conformité, valable 15 mois, est donné produit par produit (pas de certification de marque). Pour utiliser le logo, une marque doit avoir au moins 60% de ses produits reconnus conformes au label. Le contrôle est effectué une fois par année par un organisme indépendant.

BDIH autorise l'utilisation de quatre conservateurs: l'acide benzoïque, ses sels et ses esters; l'acide salicylique et ses sels; l'acide sorbique et ses sels; l'alcool benzyl. En cas d'utilisation de ces conservateurs, il faut apposer la mention «conservé avec [nom du conservateur]».

Coordonnées: *www.bdih.de*

ÉCOCERT

est un organisme indépendant, agréé par l'État français. Il est en charge de la certification des cosmétiques depuis 2002, réunis sous l'association professionnelle Cosmébio, qui regroupe les fournisseurs, fabricants, laboratoires et distributeurs. Cosmébio délivre deux labels: Bio et Éco. Écocert ne rend pas public son cahier des charges.

Coordonnées: *www.ecocert.com*.

Charte Cosmébio, label Bio:

◢ au moins 95% du total des ingrédients sont naturels ou d'origine naturelle.

◢ au moins 95% du total des végétaux sont issus de l'agriculture biologique.

◢ au moins 10% du total des ingrédients du produit fini sont issus de l'agriculture biologique.

◢ au plus 5% de produits de synthèse.

Charte Cosmébio, label Éco:

◢ au moins 95% du total des ingrédients sont naturels ou d'origine naturelle.

◢ au moins 50% du total des végétaux sont issus de l'agriculture biologique.

◢ au moins 5% du total des ingrédients du produit fini sont issus de l'agriculture biologique.

◢ au plus 5% de produits de synthèse.

Écocert autorise l'utilisation de cinq conservateurs: l'alcool benzylique; l'acide salicylique; l'acide benzoïque (et son sel: benzoate de sodium); l'acide sorbique (et son sel: sorbate de potassium); l'acide déhydroacétique (et son sel: déhydroacétate de sodium).

NATURE ET PROGRÈS

est une fédération internationale qui regroupe des professionnels et des consommateurs; elle est une pionnière de l'agriculture biologique en France. En 1998, Nature et Progrès édite le premier référentiel biologique sur le marché français des cosmétiques naturels en créant le label «Cosmétique bio écologique», dont le cahier des charges est le plus exigeant et le plus transparent sur le marché. Le cahier des charges concerne également de nombreux points environnementaux et sociaux. Des contrôles sont effectués par un organisme indépendant. Le cahier des charges est offert gratuitement sur leur site.

Coordonnées: *www.natureetprogres.org*.

Quelques marques de cosmétiques engagées

Ligne de soins visage – corps – cheveux – maquillage – parfum

Chanv
www.lafeuilleverte.ca
Soins visage et corps à base de chanvre.

Produits en vente à l'atelier-boutique, 5 chemin Ayer's Cliff, Sainte-Catherine-de-Hatley; et dans les boutiques d'alimentation et de cosmétiques biologiques.

Couleur Caramel
www.couleur-caramel.com
Maquillage.

Dr.Hauschka
www.drhauschka.com
Soins visage et corps, maquillage. Produits en vente au Spa Dr.Hauschka, 1444 rue Sherbrooke O., Montréal.

Dans les épiceries biologiques

Druide
www.druide.ca
Soins corps et cheveux.

Erbaviva
www.erbaviva.com
Soins destinés aux femmes enceintes et enfants (déodorants, crèmes, etc.).

Guayapi Tropical - Amazonie et Sri Lanka
www.guayapi.com
Soins visage, corps, cheveux; produits solaires. Cosmétique éthique: membre de la Plate-forme du commerce équitable (PFCE).

Julisis
www.julisis.com
Association alchimique d'essences d'or pour les soins de jour, d'argent pour les soins de nuit, de rubis, de diamant, de perles blanches et de métaux précieux associés au sel d'Himalaya, au miel, aux extraits de fleurs et de plantes 100% bios (néroli, safran, millepertuis, etc.).

Lavera
www.lavera.com
Maquillage; soins solaires.

Pangea Organics
www.pangeaorganics.com
Soins visage et corps.

Patyka
www.patyka.com
Soins visage, corps et parfum.

Savon populaire
www.savonpopulaire.ca
Soins corps et ateliers de fabrication. Produits en vente à l'atelier-boutique, 450 avenue Beaumont O., Montréal; et dans les boutiques d'alimentation et de cosmétiques biologiques.

Santaverde
www.santaverde.de
Produits cosmétiques à base de jus d'aloès pur, reconnu pour ses propriétés cicatrisantes et apaisantes.

Weleda
www.weleda.com
Soins visage et corps, déodorants.

Zorah biocosmétiques
www.zorah.ca
Ligne de soins visage et cheveux certifiés biologiques et éthiques à base d'huile d'Argan.

Carnet d'adresses biocosmétiques

Bioterre
201 avenue Saint-Viateur, Montréal
☎ 514-278-3377

Dans ta bulle
316 avenue du Mont-Royal E., Montréal
☎ 514-842-3019
Produits locaux et canadiens.

Ki Nature et Santé
4279 rue Saint-Denis, Montréal
☎ 514-841-9696

Planète Monde
65 rue Fairmount O., Montréal
☎ 514-504-9585, www.planetemonde.ca

Seva Resource
120 rue Laurier O., Montréal
☎ 514-274-7288, www.sevaresource.com

Ayurvéda

Littéralement «connaissance» (*véda*) «de la vie» (*ayur*) ou «science de la longévité», l'Ayurvéda est non seulement le système de santé traditionnel de l'Inde, il est «avant tout une philosophie et un art de vivre». Vieux de plus de 5 000 ans, on dit «qu'il ajoute des années à votre vie et de la vie à vos années». Reconnue par l'Organisation mondiale de la santé, cette médecine, à la fois préventive et curative, reconnaît l'individu dans sa globalité et ne traite pas seulement les symptômes. Corps, esprit et âme ne sont pas dissociés.

Tout comme l'univers, l'être humain est composé des cinq éléments: éther, air, feu, eau et terre qui, combinés dans des proportions différentes, régissent la nature unique et profonde de chacun appelé *dosha* en sanskrit: *Vata*, *Pitta*, *Kapha*. Un équilibre de vos *dosha* entraîne santé, joie et longévité. À l'inverse, un déséquilibre entraîne dysfonctionnements et maladies. Votre constitution ou *dosha* est déterminée à la conception. Chaque être possède les trois *dosha* dans des proportions uniques.

Selon la philosophie védique, la plupart des troubles de santé sont liés au système digestif. L'Ayurvéda insiste sur l'alimentation appropriée au *dosha*.

Modifiez vos habitudes progressivement, sans brutalité.

À partir d'une observation attentive: examen de la langue, des yeux, de la peau, des ongles, de la prise du pouls, etc., d'un questionnaire complet sur vos habitudes de vie tant physique, physiologique que psychologique, le praticien qualifié ou le médecin ayurvédique déterminera votre *prakriti* – constitution(s) héritée(s) à la naissance –, vos déséquilibres ou *vikriti*, s'il y a lieu, ainsi que leurs causes. Selon le bilan, il sera en mesure de vous conseiller quant à votre routine quotidienne ou *dincharya* (alimentation, exercices, plantes, soins et traitements, relaxation, etc., qui sont appropriés) pour améliorer votre santé et votre bien-être.

ÊTES-VOUS VATA, PITTA, KAPHA?

Cochez dans le tableau ci-dessous la case (A, B ou C) qui correspond le plus à votre personne, et réfé-rez-vous à la page 163 pour connaître votre profil.

	VATA (A)
STRUCTURE	Disproportionné: soit très petit ou très grand.
OSSATURE	Fine. Os et veines proéminents.
POIDS	Mince, svelte. Difficulté à prendre du poids.
	Prise de poids: surtout localisée autour des hanches et partie supérieure des cuisses.
PEAU	Sèche, fine, sensible, froide. Perd de son élasticité avec les années.
	Si débalancée: sécheresse excessive, rugosité, taches brunes, rides précoces.
VISAGE	Fin, petit, allongé.
TEINT	Plutôt hâlé.
CHEVEUX	Fins, secs, légèrement ondulés. Bruns ou noirs.
	Si débalancé: tendance aux cheveux cassants et fourchus, pellicules sèches.

PITTA (B)	*KAPHA* (C)
Moyen.	Corpulent, robuste, solide.
Moyenne.	Forte.
Modéré. Prend et perd du poids facilement. Prise de poids: localisée un peu partout.	Fort. Difficulté à perdre du poids. Prise de poids: surtout localisée au niveau du ventre, poitrine ou cuisses. Tendance à la rétention d'eau.
Sensible, réactive, chaude, rosée avec des taches de rousseur ou des grains de beauté. Si débalancée: éruptions, acné, rosacée, rougeurs excessives, ou encore la peau devient jaunâtre.	Naturellement huileuse, lisse, épaisse, fraîche, douce, qui conserve son élasticité. Si débalancée: la peau devient blanche, sujette aux points blancs, pores dilatées, séborrhée, etc.
Ovale, anguleux, menton souvent pointu.	Rond avec contours doux ou carré.
Rosé ou clair.	Pâle.
Raides, fins, soyeux, modérés. Châtains, cuivrés, clairs ou roux. Si débalancé: sujet aux cheveux blancs et à la calvitie prématurés.	Épais, abondants, naturellement huileux, bouclés, brillants. Souvent brun foncé ou noirs. Si débalancé: excès de sébum, sujet aux pellicules à tendance grasse.

	VATA (A)
YEUX	Petits, agités. Couleur chocolat. Si débalancé: cernes. Les yeux sont secs et sans éclat.
LÈVRES	Minces, sèches.
NEZ	Asymétrique. Étroit, petit ou long, courbé ou retroussé.
TRANSPIRATION	Peu abondante, sans odeur.
ÉLIMINATION DES SELLES	Sèches, dures, en petite quantité. Tendance à la constipation, flatulences.
APPÉTIT	Variable, irrégulier.
DÉMARCHE	Rapide.
CLIMAT	Aversion au temps froid et venteux.
TENDANCE AUX MALADIES	Douleurs, rhumatismes, troubles nerveux.
PAROLE	Rapide. Aime bavarder.
MÉMOIRE	À court terme.

PITTA (B)	*KAPHA* (C)
Brillants, expressifs. Sensibles à la lumière. Regard pénétrant. Verts, bleus ou gris.	Grands, attirants, parfois exorbités. Bleus ou noirs.
Moyennes, douces, rouges.	Pulpeuses, lisses, roses.
Droit, pointu.	Large et épais.
Abondante, odeur forte.	Modérée, odeur agréable.
Régulières (plus d'une fois par jour), Abondantes, lâches. Si débalancé: tendance à la diarrhée avec sensation de brûlure.	Lourdes, huileuses. Élimination lente.
Excessif. Ne peut sauter un repas.	Faible et constant. Peut sauter des repas ou peut manger sans faim.
Déterminée.	Lente et gracieuse.
Aversion au temps chaud.	Aversion au temps humide et froid.
Fièvres, infections, inflammations.	Troubles respiratoires, congestions, œdèmes, mucus.
Précise, claire. Aime argumenter.	Douce, lente, parfois monotone. S'exprime calmement.
Vive.	À long terme.

	VATA (A)
FINANCES	Dépense de façon impulsive.
SOMMEIL	Léger, interrompu. Tendance à l'insomnie.
SENSIBILITÉ	Au bruit.
HUMEUR	Changeante.
NATURE	Optimiste, créative, imaginative, intuitive.
ÉMOTIONS EN EXCÈS	Peur, anxiété, nervosité, inquiétude.
LOISIRS	Voyages, art, sujets ésotériques, histoires et plaisanteries.
PROFESSION	Danseur, acteur, écrivain, etc. Décorateur d'intérieur, porte-parole, etc.
TOTAL	

Si vous avez une majorité de croix dans les cases A, votre *dosha* dominant est Vata.

Si vous avez une majorité de croix dans les cases B, votre *dosha* dominant est Pitta.

Si vous avez une majorité de croix dans les cases C, votre *dosha* dominant est Kapha.

PITTA (B)	KAPHA (C)
Dépense pour des objets, vêtements de qualité ou luxueux; pour des projets ou causes précises.	Économise. Dépense pour des biens immobiliers, la nourriture. Peut être radin.
Profond.	Lourd, prolongé. Difficulté à se lever le matin.
À la lumière vive.	Aux odeurs.
Intense.	Réfléchie.
Passionnelle, inventive, courageuse, indépendante.	Patiente, loyale, compatissante, lente.
Agressivité, jalousie, irritabilité, critique excessive.	Avidité, attachement.
Sports, politique, chasse, débats, peinture.	Cuisine, produits de beauté, fleurs, navigation.
Avocat, politicien, athlète, chirurgien, professeur, etc.	Infirmier, travailleur social, pharmacien, conseiller, administrateur, paysagiste, etc.

Si vous obtenez des proportions relativement égales de deux *dosha* (occasionnellement des trois *dosha*), le score le plus élevé est votre *dosha* dominant, et le second, votre *dosha* secondaire. Si le score est relativement égal dans les trois cases, cela indique dans ce cas un type «tridoshique».

Êtes-vous *Vata, Pitta, Kapha?*

(Voir le tableau pages 158 à 163)

PERSONNES DE TYPE VATA (ÉTHER ET AIR): «CE QUI FAIT BOUGER LES CHOSES»

Les types *Vata* sont comme le vent: aériens, d'humeur changeante, rapides, sensibles au temps froid et venteux, aux changements de saison, aux courants d'air, à l'air conditionné. Sensation de froid surtout au niveau des mains et des pieds. Très grands ou très petits, minces, leur ossature est fine, veines et tendons proéminents. Ils sont créatifs, artistiques, spontanés, curieux et bavards. Aiment les voyages, s'adaptent facilement aux changements mais peuvent devenir indécis. Les personnes *Vata* travaillent généralement beaucoup la confiance en soi. Elles pensent, apprennent, agissent et se déplacent rapidement et n'aiment pas les tâches répétitives et routinières. Peu endurantes, elles ont une énergie qui arrive par à-coups et ont tendance à s'épuiser nerveusement. Le type *Vata* est associé aux sens du toucher et de l'ouïe.

Localisation de Vata dans le corps: le côlon, les hanches, le système nerveux, les oreilles et les os.

Quand Vata est équilibré, il est enthousiaste, extraverti, plein de vitalité, flexible, créatif, imaginatif, sensible, raffiné, intuitif. Ses mouvements sont gracieux.

Débalancé, il est anxieux, soucieux, agité, épuisé, insomniaque. Ce qui entraîne sécheresse de la peau, constipation, flatulences, perte de poids, douleurs articulaires et musculaires, ostéoporose, maux de dos, tremblements.

Ce qui aggrave Vata: climat froid, sec et venteux, air conditionné, travail mental excessif, repas et rythme de vie irréguliers, veiller tard, le bruit, le désordre, le manque de sommeil, le jeûne prolongé, les aliments secs, froids, légers et crus, trop piquants ou trop astringents, les boissons gazeuses, les stimulants.

Activités physiques douces: yoga, étirement, tai-chi, Pilates, marche (pieds nus), danse, etc.

Soins et massages: un massage à la fois doux et enracinant, à l'huile chaude de sésame ou amande, parfumée aux huiles essentielles, suivi d'un bain vapeur (*swedana*). Appliquez plus particulièrement sur les pieds et le bas-ventre. Les bains vapeur sont excellents.

Huiles essentielles: préférence pour des huiles apaisantes et réchauffantes: bois de rose (*Aniba parviflora*), jasmin (*Jasmimum grandiflorum*), basilic sacré (*Ocinum sanctum*).

Couleurs: chaudes (rouge orangé, jaune), blanc, vert et bleu pastels. À éviter: les couleurs sombres et trop vives.

Pierres: jade (généralement porté à l'auriculaire), émeraude (généralement portée à l'auriculaire), rubis (généralement porté à l'annulaire).

Métal: or.

Alimentation

Privilégier les saveurs sucrées, acides et salées. Les repas nourrissants, satisfaisants, digestes, tièdes ou chauds. Boissons chaudes ou tièdes. Mieux vaut manger à heure régulière dans une atmosphère tranquille. Pour renforcer le feu digestif, 15 min avant le repas du midi et du soir, il est indiqué de prendre une cuiller à thé de gingembre frais haché avec un peu de jus de citron et une pincée de sel.

Vata Churna (mélange d'épices aux propriétés digestives et calmantes): cumin, gingembre, fenugrec, curcuma, sucre de canne, sel et asa fœtida.

À limiter ou à éviter: les aliments secs, légers, crus, froids, déshydratés, trop piquants ou trop astringents. Les boissons froides, glacées, stimulantes, gazeuses. Les régimes amaigrissants, les jeûnes. Manger trop d'aliments différents au cours d'un même repas ou sauter les repas.

(Personne de type Vata)	À PRIVILÉGIER	À ÉVITER
Fruits	Abricot, pomme cuite, raisin, banane, mangue, papaye, pêche, prune, datte et figue fraîches, ananas, framboise, fraise, lime, noix de coco, melon, pamplemousse, rhubarbe, tamarin, avocat, kiwi, cerise.	Fruits secs en général, pomme crue, melon d'eau, pomme grenade, canneberge, poire, papaye verte.
Légumes	Asperge, carotte, betterave, courge, coriandre, patate douce, algues, concombre, fenouil, ail, olive noire, pois verts, courgette, tarot, panais, haricot vert, citrouille, poireau, cresson. Épinard cru et cuit*, daïkon*, chou-fleur cuit*, laitue*, courge spaghetti, pousses*, oignon cuit*, légumes à feuilles*.	La famille des crucifères (chou, brocoli, navet, etc.), champignon, poivron, tomates cuites et crues, pomme de terre blanche, céleri, artichaut, maïs frais, salade *kale*, olive verte, oignon cru, aubergine, herbe de blé germé, radis, pousses et germinations.
Céréales	Riz toutes catégories, blé, quinoa, avoine cuite, seitan, pain aux grains germés (essène), pain nan.	Maïs, seigle, avoine crue, pain à la levure, orge, sarrasin, millet, céréales soufflées ou sèches, couscous, pâtes, polenta, épeautre, tapioca, son de blé, galette de riz**.

(Personne de type Vata)	À PRIVILÉGIER	À ÉVITER
Légumineuses	Lentilles rouges*, fèves *mungo*, tofu*, fromage de soya*, lait de soya*, *mung dhal*.	La plupart des légumineuses (haricots *adzuki*, pois chiches, lentilles brunes, haricots de Lima...), miso**, farine, fèves et poudre de soya, tempeh, hoummos.
Noix et graines **Préférez-les sous forme de beurre ou trempées et pelées.**	Amandes, noix du Brésil*, noisettes*, etc. Graines de tournesol, de chanvre, sésame, tahini, halva, lin, citrouille.	Maïs soufflé ou autres céréales soufflées.
Produits laitiers	*Ghee*, beurre, *paneer*, fromage cottage, fromage de vache, de chèvre ou de brebis frais ou à pâte molle, lait de vache ou de chèvre tiède et épicé (préalablement bouilli), crème sure*, yogourt dilué et épicé*, kéfir.	Yogourt (glacé, avec des fruits ou nature), lait en poudre, fromage sec et dur, crème glacée.
Viande, poisson, œuf	Poissons de mer et de rivière, fruits de mer, viande blanche, œuf à la coque.	Viande rouge, agneau, porc, lapin, bison, œuf dur.
Huiles de première pression à froid	Sésame, *ghee*, olive, noix de coco*, tournesol*.	Maïs, canola, soya.
Condiments	Chutney de mangues, feuilles de coriandre*, gomasio, algues (*dulce*, *kelp*, *hijiki*), citron, lime, moutarde, sauce tamari, sel de gemme, vinaigre, caroube*.	Chocolat, raifort, sel de mer.

(Personne de type Vata)	À PRIVILÉGIER	À ÉVITER
Épices	Basilic, asa fœtida, cardamome, cannelle, fenouil, fenugrec, gingembre frais, menthe, moutarde, origan, graines de pavot, estragon, thym, poivre noir, clou de girofle, cumin, noix de muscade, safran, curcuma, vanille, anis étoilé, persil, etc.	
Sucre	Sucre de canne biologique, jus de fruits concentré, miel non pasteurisé, mélasse, sirop de riz, fructose, sirop d'agave cru.	Sucre blanc**, sirop d'érable **.
Boissons	Lait d'amande, lait de riz, de ou de vache chaud et épicé, lait de soya chaud et épicé*, lait de coco chaud, jus d'aloès, eau de rose, eau de fleur d'oranger, cidre de pomme, thé tchaï, jus (papaye, cerise, abricot, carotte, raisin, mangue, pamplemousse, ananas, orange, etc.), bouillon de miso.	Lait de soya ou de vache froid, jus de tomate**, jus (pomme, poire, pomme grenade), chocolat au lait, jus de canneberge, thé glacé, jus de légumes, jus de pruneau**, café, boisson gazeuse ou caféinée, bouillon de légumes.

* À consommer modérément.

** À consommer rarement.

PERSONNE DE TYPE *PITTA* (FEU ET EAU): «CE QUI TRANSFORME OU DIGÈRE LES CHOSES»

Les personnes *Pitta* ont une force et une endurance moyennes. Leur peau est parsemée de taches de rousseur ou de grains de beauté, leurs yeux sont clairs et brillants, leurs cheveux roux ou châtains, avec une tendance au grisonnement et à la calvitie précoces. Elles ont un appétit féroce et une excellente digestion. Les personnes de type *Pitta* sont perfectionnistes, logiques, critiques, ambitieuses, s'expriment avec facilité et précision. Elles sont dotées d'une intelligence vive et font de bons dirigeants. Elles sont audacieuses, inventives, ingénieuses et confiantes. Elles n'aiment pas perdre leur temps et aiment l'ordre. Elles peuvent être sujettes à la colère, l'irritabilité, l'impatience, l'agressivité, la jalousie et la rancune. Elles n'aiment pas les fortes chaleurs. Le type *Pitta* est associé au sens de la vue.

Localisation de Pitta dans le corps: l'intestin grêle, le foie, le sang, les yeux, les glandes sébacées.

Quand Pitta est équilibré, il est charmant, attentionné, courageux, généreux, précis, méticuleux, intellectuel, déterminé, passionné, l'esprit vif, aime les défis, est très entreprenant et bon organisateur.

Débalancé, il est trop compétitif, colérique, frustré, jaloux, agressif, impulsif, impatient et irritable. Ce qui entraîne irruption cutanée, abcès, brûlures d'estomac, diarrhée, fièvre, faim et soif excessives, mauvaise haleine, hémorroïdes.

Ce qui aggrave Pitta: contrariétés, excès de colère, travail sous pression, fortes chaleurs, stimulants (alcool, drogue, cigarettes), nourriture trop épicée, trop salée, trop chaude ou trop acide, les boissons trop chaudes, sauter les repas ou manger trop rapidement, activités excessives et/ou trop compétitives.

Activités physiques (sans compétition): yoga, sports aquatiques (natation, surf, voile), de plein air (randonnée, escalade, parapente, etc.), sports d'hiver, d'équipe, etc.

Soins et massages: massage relaxant à l'huile de noix coco ou de tournesol. Éviter les bains chauds.

Huiles essentielles: préférence pour des huiles rafraîchissantes: bois de santal (*Santalum album*), vétiver (*Vetiveria zizanioides*), lotus (*Nelumbo nucifera*).

Couleurs: rafraîchissantes (bleu, vert, blanc). À éviter: le rouge et le noir.

Pierres: saphir bleu (généralement porté au majeur), perle (généralement portée à l'annulaire), pierre de lune (généralement portée à l'annulaire).

Métal: argent.

Alimentation

Privilégier les saveurs sucrées, amères et astringentes.

Des aliments frais, crus, peu épicés et cuisinés avec peu d'huile. Les boissons rafraîchissantes, à température ambiante comme le thé à la menthe poivrée ou le «lassi» (yogourt, eau et épices), rien de glacé.

Pitta Churna (mélange d'épices aux propriétés rafraîchissantes et adoucissantes): coriandre, fenouil, cumin, sucre de canne, cardamome, gingembre, curcuma, cannelle, sel.

À éviter: les aliments frits, trop salés, trop chauds, trop épicés, acides, fermentés, les excitants (alcool, café, thé noir, boissons gazeuses), le jeûne prolongé.

(Personne de type Pitta)	À PRIVILÉGIER	À ÉVITER
Fruits	Pomme sucrée, abricot sucrée, avocat, cerise, raisin rouge, lime*, mangue, melon, ananas sucré, poire, grenade, noix de coco, framboise, papaye*, prune, melon d'eau.	Abricot sur, banane, pamplemousse, citron, pêche, fraise, canneberge, kiwi**, rhubarbe, tamarin.
Légumes	Pousses de luzerne, artichaut, asperge, betterave cuite, famille des crucifères (chou, brocoli, etc.), concombre, coriandre fraîche, carotte crue*, carotte cuite, céleri, fenouil, champignon, olive noire, oignon cuit, panais, pois vert, patate douce et pomme de terre, citrouille, courge, pousses, taro, herbe de blé germé, courgette, légumes à feuilles (*kale*, laitue, etc.), poivron sucré, germinations et pousses. De préférence crus ou cuits à la vapeur.	Épinards cuits** et crus, tomate, aubergine**, ail, radis, olive verte, oignon cru, betterave crue, maïs frais, daïkon, navet.
Céréales	Riz (basmati, blanc), orge, couscous, son d'avoine, avoine cuite, pâtes, seitan, épeautre, pain de grains germés, tapioca, blé, son de blé, galettes de riz, pain nan.	Sarrasin, maïs, seigle, quinoa, polenta**, riz brun**, muesli**, millet.
Légumineuses	Pois chiches, haricots *adzuki*, lentilles brunes et rouges, haricots de Lima, *mung dhal*, fromage de soya, lait de soya, tofu, tempeh, hoummos.	Miso, *tur dhal*, *urad dhal*, poudre de soya*.
Noix et graines	Noix de coco, amande*. Lin, tournesol, citrouille*, chanvre, maïs soufflé non salé, halva.	Amande avec la peau, noix du Brésil, acajou, arachide, noisette, etc. Sésame, tahini.

(Personne de type Pitta)	À PRIVILÉGIER	À ÉVITER
Produits laitiers	*Ghee*, beurre non salé, *paneer*, fromage de vache, de chèvre ou de brebis frais et non salé, fromage cottage, crème glacée, yogourt frais et dilué, lait de vache et de chèvre.	Fromage vieilli à pâte ferme, crème sure, beurre salé, yogourt (nature, aux fruits ou glacé), kéfir.
Viande, poisson, œufs	Viande blanche, lapin, poisson de rivière, bison*, cerf*, blanc d'œuf	Viande rouge, agneau, porc, bœuf, canard, jaune d'œuf, poisson et fruits de mer.
Huiles de première pression à froid	*Ghee* (à privilégier particulièrement), tournesol*, noix de coco*.	Sésame, maïs, moutarde, olive.
Condiments	Sauce tamari*, feuilles de coriandre, algues*(*dulce*, *hijiki*, *kombu*), lime*, pousses, sel de gemme*, caroube.	Raifort, chocolat, chutney de mangue, «gomasio», algues (*kelp*), ketchup, citron, moutarde, sel de mer, sauce soya, vinaigre.
Épices	Cumin, coriandre, cannelle, cardamome, réglisse, basilic frais, poivre noir*, fenouil, gingembre frais, menthe, persil*, aneth, curcuma, safran, vanille*.	Basilic séché, Cayenne, clou de girofle, fenugrec, ail, gingembre sec, graines de moutarde, asa fœtida, origan, paprika, graines de pavot, romarin, sauge, anis étoilé, thym, sel de mer, sel de gemme, muscade.
Sucre	Sucre de canne brut biologique, sirop d'érable, jus de fruits concentré, sirop de riz, fructose, sirop d'agave cru.	Sucre blanc**, mélasse, miel non pasteurisé**.
Boissons	Lait (de vache, coco, amande, riz, soya), jus d'aloès, eau de rose, eau de fleur d'oranger, jus (pomme, abricot, cerise, mangue, poire, pomme grenade, pruneau, pamplemousse), thé tchaï*, jus d'orange*, jus et bouillon de légumes, bouillon de miso*.	Cidre de pomme, boissons (gazeuses, caféinées), jus (carotte, canneberge, papaye, ananas), chocolat au lait, café, jus de tomate, thé glacé.

* *À consommer modérément.*

** *À consommer rarement.*

PERSONNE DE TYPE *KAPHA* (EAU ET TERRE): «CE QUI RELIE LES CHOSES ENTRE ELLES»

Le corps bien développé, solide, les personnes *Kapha* ont un métabolisme lent et sont enclines à l'embonpoint. Elles disposent généralement d'une grande force physique et de l'endurance. Leurs cheveux sont épais, ondulés, leur peau claire et huileuse. Leurs yeux grands et attirants, souvent bleus ou noirs. Les personnes de type *Kapha* sont sensibles au temps froid et humide, au printemps et en l'automne. Elles aiment le confort, la sécurité et ont tendance à accumuler objets et bibelots. Conservatrices, elles ont tendance à résister au changement, ont du mal à lâcher prise. Pourtant, elles ont besoin d'une routine variée. Compatissantes, tolérantes, sereines, attentionnées, calmes et lentes, les personnes *Kapha* peuvent également être sujettes à l'envie, la possessivité, l'avidité et l'apathie. Elles ont besoin de temps pour réfléchir et prendre une décision. Associé au sens du goût et de l'odorat, le type *Kapha* aime la bonne chère.

RECETTE DE *GHEE* (BEURRE CLARIFIÉ)

Contrairement aux autres gras, le *ghee* est considéré comme le meilleur choix pour les trois *doshas* puisqu'il est exempt de sel, de lactose et de mauvais cholestérol. Il demeure idéal pour les tartines, les pâtisseries, la cuisson, etc. Son goût rappelle celui de la noisette. Le *ghee* se conserve très longtemps à l'abri de la lumière et de la chaleur, dans un endroit sec. Inutile de le réfrigérer. «Selon les anciens, ses vertus augmenteraient avec le temps». En revanche, évitez d'utiliser des ustensiles humides, ce qui nuirait à sa conservation.

- À feu doux, déposez 450 g de beurre non salé, préférablement biologique, dans une casserole à fond épais jusqu'à ce que le beurre fonde. Ne pas recouvrir.

- Une fois fondu, réduire à feu minimal et laisser chauffer.

- Pendant la cuisson, une mousse blanche apparaît. Au fur et à mesure, la retirer à l'aide d'une cuillère. Si votre beurre est biologique, conservez cette mousse aux vertus médicinales multiples. Très bon sur le riz basmati ou les légumes par exemple. Sinon, jetez-la.

- Après 1h30 environ (le temps de cuisson varie selon la casserole, la source de chaleur, etc.), le beurre est limpide, de couleur or, et vous pouvez voir des résidus au fond de la casserole. Il est temps de retirer la casserole du feu, le *ghee* est prêt. Attention à cette étape-ci, le *ghee* brûle facilement.

- Filtrez ce liquide pur dans un récipient en verre.

Bienfaits

«Le *ghee* est bon pour les yeux, active la digestion, favorise la beauté, améliore la mémoire, nourrit les tissus, offre une longue vie et protège le corps d'un grand nombre de maladies.» *Bhavaprakash*, texte ayurvédique classique

Localisation de Kapha dans le corps: l'estomac, le pancréas, les poumons, la gorge, la poitrine, le nez, la lymphe, le tissu adipeux.

Quand Kapha est équilibré: stable, compatissant, détendu, imperturbable, lent, méthodique, endurant, bonne mémoire à long terme.

Débalancé, il est léthargique, apathique, dépressif, tendance à trop dormir, possessif, avide, digestion lente. Ce qui entraîne prise de poids, allergies, problèmes respiratoires (asthmes, rhumes fréquents, etc.), rétention d'eau, œdème, peau grasse et très pâle.

Ce qui aggrave Kapha: repas, boissons et sommeil excessifs, nourriture trop salée, trop sucrée, trop acide, trop riche, repas trop tardifs, manque d'exercices, climat froid et humide, routine trop stable.

Activités physiques dynamiques: yoga, danse, sports cardiovasculaires (aviron, marathon, etc.), basketball. Les activités physiques sont impératives et recommandées, surtout le matin.

Soins et massages: massage à la fois vigoureux, stimulant et profond. À sec ou avec très peu d'huile, tiède et légère, telle l'huile de moutarde, pour activer la circulation lymphatique. Le sauna est excellent.

Huiles essentielles: préférence pour les huiles épicées: bergamote (*Citrus bergamia*), sauge (*Salvia officinalis*), myrrhe (*Commiphora myrrha*).

Couleurs: chaudes et vives (rouge, jaune, orange, or, violet, etc.). À éviter: les couleurs pâles, le rose, le blanc.

Pierres: rubis (généralement porté à l'annulaire), topaze jaune (généralement portée à l'index), œil-de-chat (généralement porté à l'auriculaire).

Métal: or.

Alimentation

Privilégier les saveurs piquantes, amères et astringentes.

Des aliments chauds ou tièdes, légers, secs, cuits au four, grillés ou déshydratés et les légumes. Les personnes *Kapha* peuvent sauter le petit déjeuner. Le matin, il faut préférer une tisane épicée (gingembre sec, cannelle, pincée de clou de girofle et soupçon de miel). Occasionnellement, un café fraîchement moulu avec une pincée de cardamome. Pour renforcer le feu digestif, 15 min avant le repas du midi et du soir, il est indiqué de prendre une cuiller à thé de gingembre frais haché avec un peu de jus de citron et une pincée de sel. Le jeûne est recommandé.

Kapha Churna (mélange d'épices aux propriétés réchauffantes et stimulantes): gingembre, poivre noir, coriandre, sucre de canne, curcuma, sel et cannelle.

À éviter: les aliments froids, lourds, frits, gras et sucrés. Les produits laitiers qui produisent un excès de mucus. Les boissons gazeuses. Grignoter. Faire une sieste après les repas.

(Personne de type Kapha)	À PRIVILÉGIER	À ÉVITER
Fruits	Pomme, abricot, cerise, canneberge, raisin*, citron*, lime*, pêche, poire, pruneau, grenade, fraise*.	Avocat, banane, noix de coco, datte et figue fraîches, raisin, pamplemousse, melon, papaye, orange, ananas, kiwi, mangue**, prune, tamarin*, rhubarbe, melon d'eau.
Légumes **À privilégier: légumes crus à température ambiante, cuits au four, grillés ou déshydratés**	Pousses de luzerne, artichaut, asperge, betterave, poivron, famille des crucifères (chou, brocoli, etc.), oignon, champignon, carotte, céleri, coriandre, maïs, daïkon, aubergine, fenouil, ail, pois vert, légumes à feuilles (laitue, *kale*, etc.), persil, pomme de terre blanche, radis, rutabaga, épinard, endive, pousses, germinations, tomate cuite, courge spaghetti*, navet. De préférence crus, grillés ou déshydratés.	Courge, patate douce, tomate crue, taro, concombre, olives vertes et noires, panais, citrouille, courgette.
Céréales	Orge, sarrasin, maïs, millet, quinoa*, seigle, céréale froide, sèche ou soufflée, couscous, muesli, avoine sèche, son d'avoine, polenta, riz basmati*, seitan, pain germé, tapioca, son de blé, épeautre*, pain nan*, jus de blé germé.	Avoine cuite, pain à la levure, pâtes*, riz brun ou blanc, blé, galettes de riz**.
Légumineuses	Haricots *adzuki*, pois chiches*, lentilles brunes ou rouges, haricots de Lima, *mung dhal*, *tur dhal*, tempeh, tofu chaud*, hoummos.	Fromage, fèves et poudre de soya, miso, tofu froid.
Noix et graines	Chanvre*, citrouille*, lin*, tournesol*, maïs soufflé non salé, sans beurre.	Amandes, noix du Brésil, noix de coco, pignons de pin, noisettes, etc. Sésame, tahini, halva.

(Personne de type Kapha)	À PRIVILÉGIER	À ÉVITER
Produits laitiers	*Ghee**, *paneer**, fromage cottage (de lait de chèvre écrémé), fromages de chèvre et de brebis frais et non salés*, yogourt dilué, lait de chèvre écrémé.	Beurre salé, beurre non salé**, fromages à pâte molle et dure, lait de vache, crème glacée, crème sure, yogourt (nature, glacé, avec fruits).
Viande, poisson, œufs	Viande blanche, poisson de rivière, lapin*.	Viande rouge, cerf, bœuf, canard, bison, porc, agneau, œufs, poisson et fruits de mer.
Huiles de pre-mière pression à froid	Tournesol*, moutarde*, canola*.	La plupart des autres huiles.
Condiments	Poivre noir, chutney de mangue épicé, feuilles de coriandre, algues (*dulce*, *hijiki*)*, raifort, citron*, moutarde sans vinaigre, sel de gemme*, pousses*, caroube.	Sauce soya, chocolat, «go-masio», algues (*kelp*), lime, ketchup**, sel de mer, tamari, vinaigre.
Épices	Fenugrec, poivre noir, carda-mome, cannelle, graines de moutarde, gingembre sec, asa fœtida, romarin, curcuma, safran, anis étoilé, clou de giro-fle, noix de muscade, origan, curry, menthe, paprika, thym, vanille*, noix de muscade, sel de gemme*, etc.	Sel de mer
Sucre	Miel non pasteurisé, jus de fruits concentré, sirop d'agave cru*.	Sucre de canne biologique, fructose, mélasse, sirop d'érable, sirop de riz, sucre blanc**.

(Personne de type Kapha)	À PRIVILÉGIER	À ÉVITER
Boissons	Lait de soya chaud et épicé*, jus d'aloès, eau de rose*, eau de fleur d'oranger*, cidre de pomme, jus de pomme*, jus d'ananas*, thé tchaï*, jus (abricot, carotte, cerise, canneberge, mangue, raisin, poire, pomme grenade, pruneau).	Lait (amande, riz, coco), lait de soya froid, boissons caféinées**, chocolat au lait, thé glacé, bouillon de miso, jus (orange, pamplemousse, tomate, papaye).

* À consommer modérément.
** À consommer rarement.

Saisons et cycles de vie

Vata

Heures: de 2h à 6h et de 14h à 18h

Saisons: automne et début de l'hiver

Climat: froid, sec, venteux, altitude

Cycle de vie: cette période commence surtout aux alentours de 60 ans.

Pitta

Heures: 10h à 14h et de 22h à 2h

Saisons: fin du printemps et été

Climat: chaud

Cycle de vie: cette période s'étend du début de l'âge adulte jusqu'à 60 ans.

Kapha

Heures: 6h à 10h et de 18h à 22h

Saisons: fin de l'hiver et début du printemps

Climat: froid et humide

Cycle de vie: cette période s'étend de la naissance au début de l'âge adulte.

Cure de purification, le Panchakarma*

«Une personne dont le système digestif est nettoyé et purifié stimule ainsi son métabolisme, fait reculer les maladies et atteint un état normal de santé. Les organes des sens, l'esprit, l'intellect et le teint s'améliorent. [...]. Les signes de vieillissement n'apparaissent pas si facilement, et l'intéressé vit longtemps et sans problème de santé. Pour ces raisons, des thérapies d'élimination devraient être suivies d'une manière précise et au bon moment.» *Caraka Samhitâ*, traité fondamental de la médecine ayurvédique, sutra 16: 17-19.

Nombreux et efficaces sont les types de cures présents en Ayurvéda visant à «désintoxiquer, purifier ou réduire». Tous comprennent différents soins et massages, une alimentation, des plantes, des exercices physiques et du repos qui sont adaptés à la constitution de la personne et de ses troubles. Les cures sont particulièrement recommandées aux changements des saisons (printemps et automne), lors d'une transition (changement professionnel ou personnel avant la conception d'un enfant, au début de la retraite, etc.).

Bienfaits
Élimine les toxines en profondeur, régénère les cellules, améliore la circulation sanguine, redonne éclat à la peau, augmente *Ojas* (vitalité) et améliore *Sattva* (clarté mentale), traite et prévient la maladie à la racine, retarde les effets du vieillissement.

Panchakarma signifie «cinq actions» en sanskrit. Il se pratique en plusieurs phases et tient compte de la constitution de la personne, de la maladie, de la saison, etc.: une phase préparatoire appelée *purva karma*; le *pancha karma* proprement dit, appelé *pradhana karma*; l'étape post-traitement appelée *paschata karma*. L'objectif de cette cure est avant tout «d'aider à la guérison d'une maladie et de ses racines mêmes», en équilibrant les *dosha* en excès et en éliminant définitivement les toxines accumulées. Une cure complète de *panchakarma* dure généralement au moins 35 jours. Le patient doit être assez robuste pour entreprendre cette thérapie puissante de purification.

Purva karma, la thérapie de palliation

Avant d'entamer la cure spécifique de purification du *panchakarma*, la personne débute par l'étape préparatoire, le *purva karma*, qui comprend oléation ou *snehana* (soins et massages à l'huile, absorption de *ghee* ou huile) et sudation ou *swedana* (bain de vapeur à base de plantes, compresses chaudes). Cette étape préparatoire, qui dure en général une semaine voire 21 jours, a pour objectif de dissoudre les toxines appelées *ama*, incrustées dans les tissus, de les faire remonter vers le tube digestif d'où elles seront complètement éliminées par voies naturelles à l'étape suivante, celle du *pancha karma* proprement dit. Le *purva karma* est une méthode de désintoxication douce qui est particulièrement recommandée aux changements des saisons (printemps et automne) ou à la période correspondant à son mois de naissance. Cependant, la cure peut s'appliquer plus librement tout au long de l'année sous les latitudes où le climat est doux.

---

* *Il est important de suivre la cure de Panchakarma avec un thérapeute spécialisé en Panchakarma ou un médecin ayurvédique.*

* *Les femmes ne peuvent suivre la cure de Panchakarma pendant leurs menstruations.*

Pour une meilleure digestion

◢ Mangez quand vous ressentez la faim.

◢ Privilégiez les aliments et les épices qui conviennent à votre constitution.

◢ Privilégiez les aliments fraîchement préparés, biologiques, exempts d'organismes génétiquement modifiés, d'additifs, de pesticides et de conservateurs.

◢ Privilégiez les huiles de première pression à froid.

◢ Évitez les aliments transformés, raffinés (sucre, farine...), hydrogénés, en conserve.

◢ Limitez les produits stimulants et acidifiants (café, thé noir, alcool, tabac, boissons gazeuses, etc.) qui affaiblissent le foie, affectent les glandes surrénales et entraînent une fatigue chronique.

◢ Limitez les protéines animales, en particulier les viandes rouges, surtout celles d'animaux dont l'activité principale se réduit à ruminer et à manger sans arrêt (bœuf, porc, etc.). Riches en gras saturés, ces viandes génèrent trop de toxines et provoquent une accumulation d'acide urique au niveau des articulations. Si vous consommez de la viande, privilégiez les viandes sauvages.

◢ Mangez assis, dans une atmosphère calme et détendue, sans téléviseur, livre et ordinateur.

◢ Savourez votre nourriture.

◢ Mangez modérément et mastiquez vos aliments.

◢ Évitez de mélanger les aliments cuits et crus dans un même plat.

◢ Mangez les fruits et les desserts en dehors des repas (lorsque consommés avec d'autres aliments, ces derniers fermentent dans l'estomac).

◢ Au cours du repas, évitez de boire du lait, des boissons froides ou glacées qui ralentissent la digestion et favorisent la production de mucus. Si la soif est trop intense, préférez quelques gorgées d'eau tiède ou à température ambiante.

◢ Le matin, au lever, buvez un verre d'eau tiède ou chaude, servi avec un jus de citron fraîchement pressé et un soupçon de miel non pasteurisé.

◢ Le repas principal est celui du midi (entre 11h et 13h de préférence) lorsque le pouvoir digestif gouverné par *Pitta* est à son maximum.

◢ Il est préférable de prendre le petit déjeuner avant 8h. Le soir, prenez un repas léger, qui ne doit surtout pas être trop tardif (entre 18h et 19h30) en évitant fromage, charcuterie et autres protéines animales qui sont plus difficiles à digérer.

◢ Après le repas, reposez-vous quelques minutes avant une promenade digestive.

Pradhana karma, le pancha karma proprement dit

Les cinq actions de purification sont *vamana*, vomissement thérapeutique; *virechana*, purgation thérapeutique; *basti*, lavement purifiant à l'huile, à base de décoction de plantes; *nasya*, administration par voie nasale de plantes, en décoction ou sous forme d'huiles; *rakta mokshana*, purification du sang (non pratiquée en Occident). Ce traitement en «cinq actions» varient selon les affections ou maladies et le ou les *dosha*. À cette étape-ci, les toxines ou *ama*, à l'origine de nombreuses affections ou maladies, sont totalement expulsées du corps; les *dosha* en excès sont éliminés. Ces cinq pratiques peuvent s'appliquer seules ou conjointement à d'autres thérapies.

Paschata karma, l'étape post-traitement

Pour maintenir cet état d'harmonie et de bonne santé, un programme sera établi (alimentation, plantes, exercices physiques, repos) et adapté à votre constitution.

Thérapie de palliation: consultation; herbes; massages: *abhyanga*, *shirodhara* et autres; alimentation; yoga; méditation.

Coordonnées:
Suzana Panasian
5434 avenue Brodeur, Montréal
☎514-313-3363
www.ayurvedamontreal.com

Quand le régime est mauvais, les médicaments sont inutiles,

Quand le régime est correct, les médicaments ne sont pas nécessaires.

Ancien proverbe ayurvédique

IMPORTANT

L'information contenue dans ce chapitre ne doit en aucun cas remplacer l'avis d'un thérapeute spécialisé en médecine ayurvédique ou d'un médecin ayurvédique.

L'auteure et l'éditeur déclinent toute responsabilité.

Parlez-vous spa?

petit lexique pour mieux se comprendre

A

Acupuncture: une des cinq branches de la médecine traditionnelle chinoise, qui consiste à stimuler, à l'aide de très fines aiguilles, des points spécifiques situés le long des méridiens.

Algothérapie: traitement à base de certaines algues marines (application locale, enveloppement ou bain).

Aérobain ou bain bouillonnant: soin individuel réalisé en baignoire chauffée entre 34°C et 37°C. Par pression d'air, des milliers de bulles massent le corps. Peut-être additionné d'algues, d'huiles essentielles, etc.

Aromathérapie: technique médicale naturelle de traitements et de soins par les huiles essentielles.

Auriculothérapie: méthode de stimulation des points réflexes du pavillon de l'oreille. Efficace, par exemple, dans le cadre d'un sevrage tabagique. Reconnue par l'Organisation mondiale de la santé.

Ayurvéda: signifie «connaissance de la vie» en sanskrit. C'est une science millénaire héritée de l'Inde ancienne. La médecine ayurvédique est reconnue par l'Organisation mondiale de la santé.

B

Bain hydromassant: massage global ou localisé, réalisé en baignoire, grâce à de nombreux jets sous-marins. La température de l'eau varie entre 32°C et 34°C.

Banya **russe:** bain de vapeur dont la température oscille autour de 60°C.

Balnéothérapie: soins par les bains.

C

Cabine à rayons infrarouges: par le biais de rayons à infrarouges dont la longueur d'onde varie, la chaleur pénètre et réchauffe directement l'intérieur du corps. La température oscille entre 40°C et 55°C. Les multiples bénéfices de cette technique (soulagement des tensions et des douleurs, élimination des toxines et des métaux lourds) furent découverts par le médecin japonais Ichikawa en 1967.

Cacaothérapie: traitements à base de cacao (application locale, enveloppement ou bain). Le cacao était surnommé «nourriture des dieux» par les Aztèques.

Cavitosonic: fine pulvérisation d'eau de mer dans une pièce associée à la lumière bleue produite par les lampes de Wood, qui dégage une abondante charge d'ions négatifs dans l'air.

Chromothérapie: technique de soins par les couleurs (rouge, orange, jaune, vert, bleu, indigo, violet).

Cryothérapie: désigne l'ensemble des techniques thérapeutiques utilisant le froid.

D

Douche au jet: en position debout, le corps est massé profondément grâce à un jet d'eau à pressions multiples, dirigé par un thérapeute.

«Douche de Vichy»: on la reçoit allongé sur une table, sous une rampe d'eau thermale avec plusieurs pommeaux. Une douce pluie d'eau chaude ruisselle sur le corps associée à un massage à quatre mains.

Drainage lymphatique: par des pressions très légères et lentes, ce massage re-laxant, inventé par Emil Volder, élimine les toxines, la rétention d'eau et relance la circulation.

E

Enveloppement: après l'application d'une texture fine sur le corps à base de cacao, de boue, d'algues, etc., le corps est enveloppé dans une couverture chaude.

Expérience thermique: l'alternance de sources chaudes (hammam, sauna, etc.) et froides (rivière, chutes, lacs, etc.). L'expression «spa nordique» ou «expérience nordique» est une erreur d'usage courante.

F

Fangothérapie: traitement à base de sédiments et de boues marines (application locale, enveloppement ou bain).

Furo: bain privé japonais.

G

Gommage ou exfoliation: soin qui élimine les cellules mortes de la peau.

H

Hammam: tradition venue d'Orient et d'Afrique du Nord; lieu à la décoration arabisante composé de plusieurs pièces, dont le bain vapeur.

Hydrothérapie: ensemble des techniques utilisant les propriétés de l'eau sous tou-tes ses formes et à des températures variables.

L

Laugar: bain chaud d'eaux thermales en plein air dont la pratique demeure cou-rante en Islande.

Lit Vibrosaun: caisson fermé qui, par sa vibration et sa chaleur variable, procure détente et relâchement musculaire.

Loum: balnéothérapie tibétaine.

M

Massage: puise ses racines des mots grec *massein* (presser dans les mains), hébraïque *mashesh* (pétrir) et arabe *mass* (frotter doucement).

Massage aux pierres chaudes et froides: basé sur les principes du choc thermique, ce massage emploie alternativement des pierres volcaniques chaudes et du marbre froid. Doux et relaxant, ce massage à l'huile apaise les tensions musculaires, détoxique et relance la circulation.

Massage californien: massage à l'huile, enveloppant et doux, avec de longs mouvements fluides, des pressions glissées et des effleurages.

Massage prénatal: doux et subtil, ce massage à l'huile soulage les tensions et les inconforts de la grossesse, permet une détente profonde et favorise la circulation.

Massage sous affusion: allongé sur une table, sous une rampe avec plusieurs pommeaux, une douce pluie d'eau chaude ruisselle sur le corps.

Massage suédois: à l'huile, axé principalement sur la musculature.

Massage sur chaise ou shiatsu sur chaise: on le reçoit habillé et assis. Ce massage précis est composé d'effleurages, d'acupressions, de pétrissages du dos, de la nuque, des mains et des bras, ainsi que de percussions en fin de séance.

Matelas Tempur: développée par la NASA, dans les années 1970, cette mousse visco-élastique, sensible à la température du corps, s'adapte à la morphologie, réduit la pression aux points de contact.

Méthode Feldenkrais: méthode développée par l'ingénieur-physicien britannique Moshé Feldenkrais (1904-1984), qui s'appuie sur quatre piliers: le mouvement, la sensation, le sentiment et la pensée.

O

Onsen: sources d'eau chaude d'origine volcanique (Japon).

P

Panchakarma: signifie cinq actions en sanskrit. Cette cure de purification se pratique en plusieurs phases et tient compte de la constitution de la personne, de la maladie, de la saison, etc.

Phytothérapie: traitements et soins par les plantes.

Pilates: ensemble d'exercices spécifiques, coordonnés, répondant à six principes: la concentration, le centre (la région abdominale, située juste sous le nombril, est le point de départ de tout mouvement), le maintien, la respiration, la précision et la fluidité.

Prânayama: science de la respiration. *Prana* signifie «souffle, énergie, vie». *Yama* signifie «maîtrise». *Â-yama* signifie «étirement, extension».

Pressothérapie: les jambes sont enveloppées dans des bottes alternant pressions et relâchements pour activer la circulation sanguine et lymphatique.

Q

Qi Gong: ensemble de mouvements simples, souples et lents, d'étirements et d'ondulations, associés à la respiration, au souffle et à la concentration.

R

Réflexologie: par différentes techniques de palpation, de pressions plus ou moins fortes, de pétrissages et d'effleurages, les 72 000 terminaisons nerveuses qui parcourent le pied sont stimulées.

Rotenburo: bain extérieur (Japon).

S

Sauna finlandais: source chaude dont la température varie entre 70°C et 100°C avec une humidité relative de 15% à 30%.

Sento: bain public au Japon.

Suna-Mushi-Onsen: bain brûlant de sable noir (Japon).

Sweat lodge: bain de sudation dont la tradition est héritée des Amérindiens.

Système d'expansion Gyrotonic: méthode d'entraînement qui intègre la respiration fluide du yoga aux principes de mouvements de base de la natation, de la danse, du tai-chi chuan et de la gymnastique (*gyro* signifie «cercle»; *tonic* signifie «force et élasticité»).

T

Technique Alexander: méthode qui apprend à identifier et à modifier les mauvaises habitudes de posture et de respiration à travers des mouvements simples.

Temazcal: un des symboles de la civilisation maya; signifie «maison de vapeur».

Thalassothérapie: du grec *thalassa* (mer) et *therapia* (soin).

Thermalisme: utilisation à des fins thérapeutiques des eaux de source aux propriétés spécifiques.

Thermothérapie: désigne l'ensemble des techniques thérapeutiques utilisant la chaleur.

Vinothérapie: traitements et soins à base de polyphénols de pépins de raisin.

Yoga: discipline hindoue dont l'ensemble des techniques corporelles, psychologiques et spirituelles vise à assurer au pratiquant une paix intérieure et une sérénité durable.

Yoga des yeux: gymnastique douce et simple pour détendre, améliorer, entretenir la vision et illuminer le regard.

Références

BIBLIOGRAPHIE

GOUVION, Colette. *Les bains dans le monde*, Paris, Éditions Aubanel, 2006.

DE BONNEVILLE, Françoise. *Le livre du bain*, Paris, Éditions Flammarion, 2002.

MEUNIER, Pascal. *Hammams. Les bains magiciens*, Paris, Dakota Éditions, 2000.

STEINS, Rita. *La vérité sur les cosmétiques*, Paris, Éditions Leduc.s, 2005.

FRAWLEY, Dr David. *La santé par l'Ayurvéda*, Sauve, France, Éditions Turiya, 2003.

LAD, Vasant. *The Complete Book of Ayurvedic Home Remedies*, New York, Three Rivers Press, 1998.

VYAS, Kiran. *L'Ayurvéda au quotidien*, Romont, Suisse, Éditions Recto-Verseau, 1996.

Index

Liste des cartes

TOUS LES GUIDES ULYSSE

Comprendre

Comprendre la Chine	16,95 $	14,00 €
Comprendre le Japon	16,95 $	14,00 €

Fabuleux

Fabuleuses Maritimes - Vivez la passion de l'Acadie	29,95 $	24,99 €
Fabuleux Montréal	29,95 $	23,99 €
Fabuleux Ouest canadien	29,95 $	23,99 €
Fabuleux Québec	29,95 $	22,99 €

Guides de conversation Ulysse

L'Allemand pour mieux voyager	9,95 $	6,99 €
L'Anglais pour mieux voyager en Amérique	9,95 $	6,99 €
L'Anglais pour mieux voyager en Grande-Bretagne	9,95 $	6,99 €
Le Brésilien pour mieux voyager	9,95 $	6,99 €
L'Espagnol pour mieux voyager en Amérique latine	9,95 $	6,99 €
L'Espagnol pour mieux voyager en Espagne	9,95 $	6,99 €
Guide de conversation universel	12,95 $	9,99 €
Le Portugais pour mieux voyager	9,95 $	6,99 €
Le Québécois pour mieux voyager	9,95 $	6,99 €
L'Italien pour mieux voyager	9,95 $	6,99 €

Guides de voyage Ulysse

Arizona et Grand Canyon	29,95 $	23,99 €
Bahamas	29,95 $	24,99 €
Boston	24,95 $	19,99 €
Canada	34,95 $	27,99 €
Cancún et la Riviera Maya	24,95 $	19,99 €
Chicago	24,95 $	19,99 €
Chili	34,95 $	24,99 €
Costa Rica	29,95 $	22,99 €
Cuba	29,95 $	22,99 €
Disney World	19,95 $	22,99 €
Équateur - Îles Galapagos	29,95 $	23,99 €
Floride	27,95 $	22,99 €
Gaspésie, Bas-Saint-Laurent, Îles de la Madeleine	24,95 $	19,99 €
Guadeloupe	27,95 $	19,99 €
Guatemala	34,95 $	24,99 €
Hawaii	37,95 $	27,99 €
Honduras	29,95 $	24,99 €
La Havane	17,95 $	14,99 €
Las Vegas	19,95 $	19,99 €
Martinique	27,95 $	19,99 €
Miami	24,95 $	19,99 €
Montréal	24,95 $	19,99 €
Montréal pour enfants	9,95 $	17,84 €
New York	24,95 $	19,99 €
Nicaragua	29,95 $	24,99 €
Nouvelle-Angleterre	34,95 $	27,99 €
Ontario	32,95 $	24,99 €
Ouest canadien	32,95 $	24,99 €
Panamá	29,95 $	22,99 €
Pérou	34,95 $	27,99 €
Portugal	19,95 $	19,99 €
Provence - Côte d'Azur	19,95 $	19,99 €
Provinces atlantiques du Canada	24,95 $	22,99 €
Le Québec	29,95 $	22,99 €
Québec et Ontario	29,95 $	19,99 €
Ville de Québec	22,95 $	19,99 €
République dominicaine	24,95 $	22,99 €
Saint-Martin, Saint-Barthélemy	19,95 $	17,99 €
San Francisco	24,95 $	19,99 €
Sud-Ouest américain	37,95 $	24,99 €
Toronto	24,95 $	19,99 €
Tunisie	32,95 $	23,99 €
Vancouver, Victoria et Whistler	19,95 $	19,99 €
Washington, D.C.	24,95 $	19,99 €

Journaux de voyage Ulysse

Le Grand journal de voyage	14,95 $	14,95 €
Journal de ma croisière	14,95 $	14,99 €
Journal de voyage Amérique centrale et Mexique	17,95 $	17,99 €
Journal de voyage Europe	17,95 $	17,99 €
Journal de voyage Prestige	17,95 $	17,99 €
Journal de voyage Ulysse: L'écrit	12,95 $	12,95 €
Journal de voyage Ulysse: L'empreinte	12,95 $	12,95 €
Journal de voyage Ulysse: La feuille de palmier	12,95 $	12,95 €
Journal des voyageurs	12,95 $	12,95 €

Ulysse Espaces verts

Balades à vélo dans le sud du Québec	24,95 $	22,99 €
Camping au Québec	24,95 $	19,99 €
Cyclotourisme au Québec	24,95 $	22,99 €
Kayak de mer au Québec – Guide pratique	24,95 $	22,99 €
Le Québec cyclable	19,95 $	19,99 €
Randonnée pédestre au Québec	24,95 $	19,99 €
Randonnée pédestre dans les Rocheuses canadiennes	22,95 $	19,99 €
Randonnée pédestre Montréal et environs	19,95 $	19,99 €
Randonnée pédestre Nord-Est des États-Unis	24,95 $	19,99 €
Raquette et ski de fond au Québec	24,95 $	22,99 €
Le Sentier transcanadien au Québec	24,95 $	22,99 €
Ski alpin au Québec	24,95 $	22,99 €

Ulysse hors collection

101 idées d'activités estivales au Québec	14,95 $	13,99 €
Balades et circuits enchanteurs au Québec	14,95 $	13,99 €
Carte Monde en relief / Physical World Map	14,95 $	
Croisières dans les Caraïbes	29,95 $	23,99 €
Délices et séjours de charme au Québec	14,95 $	14,99 €
Dictionnaire touristique Ulysse Le Globe-Rêveur	39,95 $	
Escapades et douces flâneries au Québec	14,95 $	13,99 €
Gîtes et Auberges du Passant au Québec 2007	24,95 $	19,99 €
Guide des longs séjours	24,95 $	19,99 €
Les meilleurs spas au Québec	24,95 $	19,99 €
Montréal en métro	24,95 $	19,99 €
Les plus belles escapades à Montréal et ses environs	24,95 $	19,99 €
Le Québec à moto	24,95 $	22,99 €
Stagiaires sans frontières	19,95 $	18,99 €
Le tour du monde en 250 questions	9,95 $	7,50 €
Voyager avec des enfants	24,95 $	19,99 €

Titres	Quantité	Prix	Total
Nom:	Total partiel		
	Port		4,85$CA/4,00 €
Adresse:	Au Canada, TPS		
	Total		
Courriel:			

Paiement: ☐ Chèque   ☐ Visa   ☐ MasterCard

N° de carte _____   Expiration _____

Signature _____

Pour commander, envoyez votre bon à l'un de nos bureaux, en France ou au Canada (voir les adresses à la page suivante), ou consultez notre site: **www.guidesulysse.com**.

Nos coordonnées

Nos bureaux

Canada: Guides de voyage Ulysse, 4176, rue Saint-Denis, Montréal (Québec) H2W 2M5, ☎514-843-9447, fax: 514-843-9448, info@ulysse.ca, www.guidesulysse.com

Europe: Guides de voyage Ulysse sarl, 127, rue Amelot, 75011 Paris, France, ☎01 43 38 89 50, voyage@ulysse.ca, www.guidesulysse.com

Nos distributeurs

Canada: Guides de voyage Ulysse, 4176, rue Saint-Denis, Montréal (Québec) H2W 2M5, ☎514-843-9882, poste 2232, fax: 514-843-9448, info@ulysse.ca, www.guidesulysse.com

Belgique: Interforum Bénélux, 117, boulevard de l'Europe, 1301 Wavre, ☎010 42 03 30, fax: 010 42 03 52

France: Interforum, 3, allée de la Seine, 94854 Ivry-sur-Seine Cedex, ☎01 49 59 10 10, fax: 01 49 59 10 72

Suisse: Interforum Suisse, ☎(26) 460 80 60, fax: (26) 460 80 68

Pour tout autre pays, contactez les Guides de voyage Ulysse (Montréal).

Écrivez-nous

Tous les moyens possibles ont été pris pour que les renseignements contenus dans ce guide soient exacts au moment de mettre sous presse. Toutefois, des erreurs peuvent toujours se glisser, des omissions sont toujours possibles, des adresses peuvent disparaître, etc.; la responsabilité de l'éditeur ou des auteurs ne pourrait s'engager en cas de perte ou de dommage qui serait causé par une erreur ou une omission.

Nous apprécions au plus haut point vos commentaires, précisions et suggestions, qui permettent l'amélioration constante de nos publications. Il nous fera plaisir d'offrir un de nos guides aux auteurs des meilleures contributions. Écrivez-nous à l'une des adresses suivantes, et indiquez le titre qu'il vous plairait de recevoir.

Guides de voyage Ulysse

4176, rue Saint-Denis
Montréal (Québec)
Canada H2W 2M5
www.guidesulysse.com
texte@ulysse.ca

Les Guides de voyage Ulysse, sarl

127, rue Amelot
75011 Paris
France
www.guidesulysse.com
voyage@ulysse.ca